# Geschenke aus dem Rosengarten

selbst gemacht

MARIA THERESIA RIEDL • BEATE HÖLSCHER
ANNELIESE KOMPATSCHER (Fotos)

# Geschenke aus dem Rosengarten

selbst gemacht

# Was Sie in diesem Buch finden

Vorwort  6  ~  Einführung  8

## Florales

Rosenstrauß im Herbstpotpourri  20
Rosenkorb  22
Rosenblütenherz  24
Haarkranz aus Rosen  27
Hagebutten-Myrtenkränzchen  28
Tischkranz aus Rosen  30

## Kulinarisches

Rosenbowle  34
Arabischer Mokka  36
Blütentee  38
Rosenlimonade  41
Darjeeling mit Rosenblüten  42
Indisches Rosenlassi  44
Hagebuttenlikör  46
Rosen-Punsch  49
Rosenlikör  50
Rosen-Felsenbirnen-Marmelade  52
Rosen-Marmelade mit Pfirsich und Nektarine  55
Hagebuttenmarmelade  56
Honig & Rosen  58
Rosenmarzipan  61
Rosen-Cupcakes  62
Rosen-Schoko-Kuchen  64
Rosen-Lebkuchengebäck  67
Feines Mürbegebäck  68
Rosentorte  70
Orientalisches Rosenlokum  73
Rosenbutter  74
Kandierte Rosenblütenblätter  76
Süße Rosenblüten  79
Rosen-Eis  80
Panna Cotta mit Rosensirup  82
Hagebuttensirup  85

## Wellness und Pflege

Badesalz mit Rosenblüten  88
Pflegende Badepralinen  90
Entspannendes Badeöl Rose-Lavendel  93
Milchbad mit Rosenduft  94
Prickelnde Rosen-Badeblüten  96
Wärmekissen mit Rosen & Rapssamen  99
Entspannungskissen für die Augen  100
Rosen-Traum-Herzen  102
Lippen-Balsam-Rosenduft  105
Rosenblütenseife  106
Pflegende Rosencreme  108
Augenfältchenfluid mit Rosenwasser  111
Rosen-Gesichtswasser mit Honig  112
Sommer-Rosen-Feuchtigkeitsgel  114
Duftendes Körperöl  117
Rosenweihrauch  118
Rosenspray  120
Orientalisches Rosenpotpourri  123
Räucherkugeln »Rosentraum«  124

## Rosen-Porträts

'Rose de Rescht'  128
'Comte de Chambord'/'Mme. Boll'  128
'Jacques Cartier'  128
'Rose du Roi à Fleurs Pourpres'  129
'Celsiana'  129
*Rosa* × *damascena* 'Trigintipetala'  129
'Ispahan'  130 / 'Leda'  130
'Fantin Latour'  130
'Blush Damask'  131
'Pillnitzer Vitaminrose'  131
'Mme. Plantier'  131
'Charles de Mills'  132
'Jeanne d'Arc'  132 / 'Tuscany'  132
'Ombrée Parfaite'  133
'Conditorum'  133
*Rosa gallica* 'Officinalis'  133
'Gerbe Rose'  134 / 'Hippolyte'  134
'Constance Spry'  134
'Heritage'  135
'Tess of the d'Urbervilles'  135 / 'Hero'  135

## Anhang

Glossar  136
Adressen, die Ihnen weiterhelfen  138
Literatur  140 / Stichwortverzeichnis  141
Über die Autoren  142 / Danksagung  143

*Man schenkt die Rosen nicht allein  
Man gibt sich selber auch mit drein!*  
Carl Zeller

Rosen gehören seit Langem zu meinem Leben. Schon im Bauernhaus meiner Eltern waren Rosenbordüren an die weißen Kalkwände gemalt und Vorhänge mit Rosenmuster zierten die gute Stube. Meine tiefe Liebe zu Rosen erwachte während meiner Ausbildung zur Heilpraktikerin, als ich bei einer Fortbildung ätherische Öle kennenlernte. Sofort zogen mich diese natürlichen Duftstoffe in ihren Bann, ganz besonders das Rosenöl.

Zwei Jahre später erwartete ich mein erstes Kind und konnte während Schwangerschaft und Geburt das Rosenöl in verschiedenen Zubereitungen wunderbar anwenden – als Massageöl, zur Raumbeduftung oder in einem Rosen-Traumkissen für das Babybettchen. Zur Geburt meiner Tochter durfte ich mir bei meiner Nachbarin einen Strauß von ihrem Rosenbusch pflücken. Drei Jahre später konnten mein Mann und ich unseren eigenen Garten anlegen. Die ersten Pflanzungen waren Rosen. Alte Rosen und Englische Rosen und auch ein Ableger der nachbarlichen Rose 'New Dawn'.

### Mein Rosengarten

Mittlerweile wachsen an die 200 Rosensorten in unserem Garten. Seit einigen Jahren pflanze ich neben den Historischen Rosen vermehrt Wildrosen, vor allem einheimische Arten. Viele von ihnen sind in unseren Breiten selten geworden. Ich habe das Gefühl, sie sind nicht mehr passend zu unserer modernen Gartenwelt und die Heilkraft der Blüten und Hagebutten scheint in Vergessenheit zu geraten. Doch gerade in der Verbindung von Garten- und Wildrosen zeigen sich die unglaubliche Varietät und Kraft der Gattung *Rosa*. Für jeden Garten gibt es die passende Rose, von Miniaturrosen ab 15 cm bis zu großen Rambler-Rosen, die über 15 m hoch werden können.

Die Begeisterung über die Schönheit, das Aroma und die Heilkraft der Rose hat mich zur Rosen- und Rosenbuchsammlerin werden lassen. Gibt es doch im Winter für mich nichts Schöneres, als mit einer Tasse Tee in der Stube zu sitzen, in einem Rosenbuch zu schmökern und vom Rosensommer zu träumen. Die größte Freude bereitet es mir aber, schöne Geschenke aus meinen Rosen zu zaubern und durch sie ein Stück meines Glücks mit anderen teilen zu können.

### Geschenke aus Rosen machen glücklich

So wünsche ich auch Ihnen gemütliche, besinnliche und erheiternde Stunden in der warmen Stube oder unterm Rosenbusch. Alleine oder zusammen mit lieben Menschen: »Sub rosam«, hieß es schon im alten Rom – alles, was unter einem Rosenstrauch gesprochen wird, ist vertrauensvoll und fällt unter das Siegel des Schweigens.

Frohes Schaffen beim Pflanzen, Hegen und Ernten im Garten – und viel Freude beim Lesen in unserem Buch!

Ihre

*Maria Theresia Riedl*

# Geschenke aus dem Rosengarten – selbst gemacht

Die Historische Rose 'Blairin II' lacht über den Gartenzaun und grüßt Spaziergänger.

Geschenke aus dem Rosengarten kommen vom Herzen. Schon auf den ersten Blick erkennt der oder die glücklich Beschenkte, wie viel Liebe Sie in die Zubereitung gesteckt haben. Denn bereits das Umsetzen der verschiedenen Geschenkideen ist ein wahrer Genuss! Das Ernten frischer Rosenblüten, das Hantieren mit duftenden Zutaten und das liebevolle Verpacken Ihrer Kreationen fordern alle Ihre Sinne und wecken echte Lebensfreude.

### Die Faszination der Rose

Bereits in der Antike wurden Rosen und ihre außergewöhnlichen Verwendungsmöglichkeiten geschätzt. Besonders die Römer waren für ihren Rosenkult und einen schon fast verschwenderischen Umgang mit der »Königin der Blumen« bekannt. Bei Festen soll der Boden in manchen Palästen kniehoch mit Rosen bedeckt gewesen sein, selbst von der Decke soll es ihre duftenden Blüten geregnet haben. Zu Festtagen wurden öffentliche Brunnen mit Rosenwasser gefüllt. Und auch Rosenöl war damals allgegenwärtig.

Nach dem Untergang des Römischen Reiches verschwand die Rose fast vollkommen aus dem alltäglichen Leben. Erst die Landgüterverordnung von Kaiser Karl dem Großen verhalf ihr zu neuer Aufmerksamkeit. Der kaiserliche Erlass aus dem Jahre 812 gab den Krongütern beispielsweise genau vor, welche Gemüse, Weinsorten oder Heilkräuter anzubauen waren. Teil dieser Pflanzenauswahl waren auch die frühen Garten- und Wildrosen, die von da an in den Arznei- und Gewürzgärten der Klöster wuchsen und dort als Nutz- und Heilpflanze Verwendung fanden. Erst später wurden Gartenrosen als Zierpflanzen entdeckt.

Die Heilkunde des Mittelalters wurde besonders von der *Rosa gallica* 'Officinalis' dominiert, die als Apothekerrose einen festen Platz im Arzneimittelschatz jeder Apotheke hatte. Ihre Pflanzenteile wurden dort zu verschiedenen Heilmitteln verarbeitet. Nur Rosenwasser und Rosenöle wurden vor allem aus dem Orient eingeführt – sie waren so kostbar, dass nur der Adel und Klerus in ihren Genuss kamen.

Heute wird die Rose überwiegend in der Kosmetik und der Parfümerie verwendet. Im Garten erleben **Historische Rosen** eine Renaissance. Ihre aromatischen Blüten finden sich vermehrt in der Heilkunde und kulinarischen Rezepten wieder. Die schönsten Verwendungsideen habe ich für Sie zusammengetragen. Sie werden überrascht sein, was für außergewöhnliche Geschenke Sie mühelos aus Rosen selbst kreieren können!

Kranzbinden leicht gemacht – mit duftenden Rosen und Kräutern aus dem eigenen Garten.

## Rosenprodukte kaufen?

Die Rosen in Ihrem Garten blühen nicht in ausreichender Fülle? Selbstverständlich können Sie sich mit gekauften Knospen, Blüten, ätherischen Ölen oder reinem Rosenwasser aus den Hauptanbauländern behelfen, zum Beispiel aus Bulgarien, der Türkei, dem Iran oder Marokko, aber auch aus Italien oder Frankreich. Durch das warme, trockene Klima dieser Länder entwickeln die Blüten deutlich mehr ätherische Öle als in unseren Gefilden. Da Rosen aber auch in unserer Zeit noch kostbar sind, ist es nicht verwunderlich, dass der Rosenduft chemisch nachgebaut wird und viele Produkte mit künstlichen Aromen beduftet werden. Der Unterschied zu natürlichen Düften ist nicht immer leicht zu erkennen. Reines **natürliches Rosenöl** riecht süß, blumig und schwer – und einmal den Duft erfahren, ist er unvergesslich.

Um den Duft zu bewahren, verpacken Sie Rosenspezialitäten in gut schließende Dosen.

Alte Bäume im Garten lassen sich wunderbar mit der sommerblühenden Rose 'Rambling Rector' beranken.

Achten Sie beim Einkauf unbedingt auf qualitativ hochwertige Produkte! Denn der konventionelle Rosenanbau ist mit einem sehr hohen Pestizideinsatz verbunden. Wenn Sie Rosen essen oder zu Kosmetik verarbeiten möchten, sollten diese unbedingt aus kontrolliert biologischem Anbau (kbA) stammen. Außerdem rate ich Ihnen aus meiner Erfahrung, in der Küche grundsätzlich Rosenblüten ohne zusätzliche Duftstoffe sowie reines Rosenwasser ohne Alkoholzusatz zu verwenden (siehe Bezugsquellen im Glossar).

Im Handel sind teilweise hochwertige Fertigprodukte ohne künstliche Zusatzstoffe erhältlich, sei es in der Kosmetik oder im kulinarischen Bereich. Besonders aus Zeitgründen bietet es sich manchmal an, diese zu kaufen – weitaus schöner aber ist es, im eigenen Garten zu ernten, frische Rosen zu verarbeiten, ihre Blüten zu trocknen und exklusive Geschenke – wie Badekugeln, Liköre oder süße Leckereien – selbst herzustellen.

## Rosen im Garten

Um Geschenke aus dem eigenen Rosengarten herstellen zu können, ist es natürlich wichtig, geeignete Rosenarten zu pflanzen. Am Ende des Buches habe ich für Sie 24 Porträts all der Rosen gesammelt, die besonders aromatisch sind und sich gut weiterverarbeiten lassen. Zentifolien, Alba-, Gallica-, Bourbon- und Damaszener-Rosen blühen zur Rosenzeit zwischen Juni und Juli in den Farben Weiß, Rosa und Magenta. Portland-Rosen blühen (je nach Sorte) von Juni bis Oktober, wobei bei einigen die erste Blütezeit im Juni und die Nachblüte im September ist. Dadurch bieten Portland-Rosen reichlich Gelegenheit zur Ernte.

Keine Rose und keiner ihrer Bestandteile sind giftig, außer die Pflanze wird mit Giftstoffen behandelt. Das ist erfreulicherweise nicht nötig, denn Rosensträucher gedeihen auch in unseren Breiten ohne Gifteinsatz. Wählen Sie von vornherein robuste Sorten, die für das jeweilige Klima geeignet sind. Pflanzen Sie diese an einen guten Standort, verwenden Sie organischen Dünger und beschränken Sie sich auf homöopathische und aromaspezifische Pflanzenpflegemittel. Dann sind alle Pflanzenteile der Rose genießbar!

## Rosen ernten und trocknen

Für die Rosenernte rate ich Ihnen:
* Ernten Sie Rosenblüten an einem sonnigen Tag, am besten am späten Vormittag.
* Wählen Sie nur trockene, voll erblühte Rosenköpfe.
* Ziehen Sie die Blütenblätter mit der einen Hand ab und schneiden Sie mit der anderen Hand alle weißen Blütenansätze weg, diese könnten bitter schmecken.

Zum Trocknen der Blüten können Sie aus drei Methoden wählen:

### Lufttrocknen
* Ernten Sie die Rosenblüten (wie zuvor beschrieben) und breiten sie auf einem Baumwolltuch zum Trocknen aus. Ein feines Gitter als Unterlage sorgt für eine gute Luftzirkulation.
* Verteilen Sie die Blüten öfter mit der Hand um.
* Wählen Sie einen dunklen, luftigen und trockenen Ort.
So behalten die Blüten ihre natürlichen Farbe und trocknen ausreichend.

### Trocknen im Backofen
* Breiten Sie die Rosenblüten auf einem Backblech aus und schieben es ca. 5–6 Stunden in den Ofen.
* Die Temperatur sollte bei 50–60 Grad Celsius liegen. Geben Sie Acht, dass die feinen Blüten nicht verbrennen.

Rosen in allerlei Formen und Farben verströmen einen betörenden Duft.

Rosenknospen und Rosenblüten aus dem heimischen Garten und orientalischen Ländern.

> ### Mein Rat
> Trocknen Sie die Blüten nach Farben getrennt, dann können Sie diese später jeweils nach Lust und Laune mischen.

\* Stellen Sie auf Umluft und lassen Sie die Ofentür einen Spaltbreit geöffnet.

## Trocknen im Trocknungsapparat

Am schönsten trocknen alle Blüten in einem Trocknungsapparat oder in einem haushaltsüblichen Trockengerät:
\* Breiten Sie die Blüten auf den Sieben aus.
\* Die Trocknung dauert 6–7 Stunden, abhängig von der Blütengröße und der gesamten Füllmenge.

Bei allen drei Methoden ist es wichtig, dass die Blüten am Ende jegliche Feuchtigkeit verloren haben. Am besten testen Sie, ob sie schön rascheln! Bewahren Sie die getrockneten Blüten zunächst in einer verschlossenen Papiertüte auf. Nach einer gewissen Nachtrocknungszeit im Papier können Sie sie beispielsweise in ein Einmachglas umfüllen. Lagern Sie die Behältnisse trocken, gut verschlossen und dunkel – so erhalten Sie Farbe und Duft der Blüten und schützen sie gleichzeitig vor Schädlingen.

## Grundrezepte mit getrockneten Rosenblüten

Mit getrockneten Rosenblüten können Sie einige Grundrezepte, wie Rosenzucker, Rosensalz und Rosenpfeffer, für Ihre Rosenküche auf Vorrat herstellen.

### Rosenzucker
\* 40 g stark duftende, getrocknete Rosenblütenblätter (vorzugsweise Damaszener-Rosen) im Mörser oder in einer Küchenmaschine zerreiben, bis sie die Konsistenz von grobem Sand haben.
\* Mit 250 g hellem Rohrohrzucker mischen.
\* In einem Glas gut verschlossen und dunkel aufbewahren.

In dekorativen Gläsern werden getrocknete Blüten, gemischt mit Zucker, Salz oder Pfeffer, zu hübschen Geschenken.

### Rosensalz und -pfeffer für die Mühle

* Jeweils 100 g grobes Kristallsalz bzw. bunte Pfefferkörner mit je 5–10 g getrockneten Rosenblüten, kbA, vermischen.
* Direkt in die Salz- und Pfeffermühle geben, gut verschlossen und dunkel aufbewahren.

### Rosenblüten in der Floristik

Zu Geburts- und anderen Festtagen dekorieren wir unsere Wohnräume traditionellerweise mit Blumen. Aber auch ohne besonderen Anlass ist es schön, das Haus, sich selbst oder andere Menschen mit floristischen Schätzen zu schmücken. Die üppige Formen- und Farbenvielfalt der Historischen, Modernen und Englischen Rosen verleihen Kränzen und Gestecken einen ganz besonderen Charme.

Wenn Sie Gebinde und Gestecke aus Rosen selbst anfertigen möchten, sind die richtigen Arbeitsutensilien Voraussetzung für ein gutes Gelingen:

* Eine passende **Gartenschere** ist unverzichtbar. Im Bastelladen finden Sie außerdem **Ringe** aus dickem Draht oder Strohreifen als Kranzunterlage sowie **Draht** und **Bast** zum Binden.
* Sammeln Sie im ausgehenden Winter **Birkenreiser**. Die feinen Zweige lassen sich ineinanderschlingen und als Kranz umwickeln. Im Juni und Juli können Sie auch dünne **Weidenzweige** schneiden, zum Kreis formen und mit Bast oder Draht fixieren. So entsteht ein praktisches Grundgerüst für einen Kranz, auf den Sie später Rosen, Blüten und Kräuter binden können.
* Dünne Rosentriebe können Sie mit **feinem Wickeldraht** umwickeln und stabilisieren.

Ob Sträuße, Kränze oder schwimmende Blüten in einer Wasserschale – nutzen Sie das reichliche Angebot an Materialien im Garten und lassen Sie Ihrer Kreativität freien Lauf.

Mit den richtigen Utensilien gelingt ein hübscher Rosenkranz im Nu!

Gönnen Sie sich zur Rosenpflege robuste Handschuhe und eine gute Gartenschere.

## Pflegeprodukte aus Rosen

Es ist viel einfacher, als Sie glauben, Cremes und Balsame anzurühren oder Badezusätze und Seifen selbst herzustellen. Es wurden unkomplizierte Rezepte mit wenigen Zutaten für Sie ausgesucht, damit das Rühren und Mischen viel Freude bringt.

Neben den angegebenen Zutaten brauchen Sie eine grammgenaue **Waage**, saubere **Marmeladengläser**, Teelöffel aus Edelstahl (zum Umrühren), **70%igen Alkohol**, unterschiedlich große **Kosmetiktiegel** und schöne Schmuckflaschen. Bei der Herstellung von Pflegeprodukten sind einige Aspekte zu beachten:

* Achten Sie auf Sauberkeit und desinfizieren Sie alle Arbeitsutensilien, Cremetöpfe und Flaschen (Deckel nicht vergessen) stets mit 70%igem Alkohol. Dadurch verlängert sich die Haltbarkeit und Sie können auf zusätzliche Konservierungsstoffe verzichten.
* Halten Sie sich bitte genau an die Inhaltsangaben der Rezepte.
* Tun Sie Ihrer Haut und der Umwelt Gutes: Verarbeiten Sie nur naturreine Rohstoffe aus kontrolliert biologischem Anbau, seien es kaltgepresste Öle und Fette, ätherische Öle oder Pflanzenwässer. Die Wirkstoffe der Naturkosmetik werden durch die Haut aufgenommen und gelangen in den Organismus. Mit natürlichen Zutaten wird die Selbstregulation der Haut sanft unterstützt und der schützende Hydrolipidmantel der Haut erhalten.

## Rosenöl und Rosenwasser

In der Aromatherapie gilt die Rose zu Recht als »Panacée«, als Allheilmittel. Sie wirkt hautpflegend und -regenerierend, wundheilend, entzündungshemmend und stimmungsaufhellend. Über Rosenwasser und Rosenöl im Speziellen heißt es, dass sie das Herz stärken und Geist und Seele harmonisieren. Zur Ölgewinnung können verschiedene Rosenarten genutzt

---

### Mein Rat

Selbst angerührte Cremes und Lotionen sind im Kühlschrank ca. 4 Wochen haltbar. Balsame, Körper- und Badeöle können Sie ca. 1 Jahr verwenden, ebenso Seifen und Badepralinen.

Den geheimnisvollen Zauber des Morgenlandes versprühen Sie mit feinem Rosenwasser.

werden. In den Hauptanbaugebieten werden überwiegend Damaszener-Rosen oder Zentifolien kultiviert. Die Pflückerinnen ernten die voll erblühten Rosenköpfe Blüte für Blüte vor Tag und Tau. Nach der Zwischenlagerung in riesigen Hallen wird die Ernte in großen Kesseln mit Wasser erhitzt. Der aufsteigende Dampf nimmt die Duftmoleküle aus den Blüten mit, kühlt ab, die entstandene Flüssigkeit wird in einem Glasgefäß aufgefangen. Auf dem wässrigen Anteil der Rose, dem **Rosenwasser**, schwimmt eine dünne Schicht **ätherisches Öl**. Das im Destillationsprozess gewonnene ätherische Rosenöl enthält die flüchtigen Bestandteile der Rose, über 400–500 biochemische Inhaltsstoffe sind bisher bekannt. Es ist damit eines der komplexesten ätherischen Öle.

Ätherisches Rosenöl ist lange haltbar und reift mit den Jahren, während Rosenwasser eine nur kurze Haltbarkeitsdauer hat. Rosenwasser sollte innerhalb von 1–2 Jahren verwendet werden. Lagern Sie beides kühl, dunkel und gut verschlossen, vorzugsweise in braunen oder blauen Glasflaschen. Vermeiden Sie große Temperaturunterschiede und unnötiges Öffnen der Flaschen. Bei Rosenwasser haben sich Sprühflaschen bewährt.

## Rosenwasser selbst herstellen

### Destillation
Mit einer Haushaltsdestille können Sie aus den Historischen Rosen in Ihrem Garten die kostbaren Substanzen selbst gewinnen. Bei ca. 2–4 Litern Fassungsvermögen entstehen pro Füllung einige Tropfen Rosenöl und ca. 100–300 ml Rosenwasser.

### Aufguss
Eine andere Methode ist einem Teeaufguss ähnlich:
* Ernten Sie (wie zuvor beschrieben) Blüten von Damaszener-, Gallica-, Bourbon-, Portland- oder Alba-Rosen.

Was gibt es Schöneres: duftendes Rosenwasser aus dem eigenen Garten.

Eine kostbare Ausbeute: Um 1 Liter Rosenöl zu gewinnen, werden ca. 4.000 – 5.000 kg Rosenblüten benötigt.

Verfeinern Sie Apfelsaft oder Mineralwasser mit einem Teelöffel Rosenwasser.

* Nehmen Sie ca. 100 g Rosenblüten – das entspricht etwa einem vollen 1-Liter-Gefäß – und entfernen Sie alle Insekten aus den Blütenköpfen.
* Übergießen Sie die Blüten mit lauwarmem Wasser und lassen sie gut zugedeckt einen Tag ziehen.
* Dann seihen Sie die Blüten ab und bewahren das Pflanzenwasser kühl auf.

Der so gewonnene Auszug ist 1–2 Wochen haltbar. Um eine längere Haltbarkeit zu erreichen, können Sie ca. 15%igen Weingeist oder 70%igen Wodka zufügen.

## Rosen kulinarisch verarbeiten

Rosen zu essen, ist für unseren Gaumen zu Beginn ungewohnt. In orientalischen Ländern ist Rosenaroma aus der Küche nicht wegzudenken, vor allem als Rosenwasser in Süßspeisen. Ich bin mir sicher, Sie werden die neuen Geschmacksnuancen als Bereicherung schätzen!

### Tipps zu Rosen in der Küche

* Wählen Sie die von mir empfohlenen Rosenarten und -sorten. Sie haben in der Regel ein weicheres Blütenblatt, manche schmecken süßlich, manche herb, sie duften sehr intensiv und halten ihr Aroma auch beim Kochen.
* Die Verarbeitung von Blüten in der Küche verlangt entsprechende Sauberkeit. Reservieren Sie einen Holzlöffel ausschließlich für die Rosenzubereitungen, denn der Rosenduft wird leicht von anderen Gerüchen überdeckt. Spülen Sie Flaschen und Gläser mit kochendem Wasser aus oder desinfizieren Sie die Behältnisse mit 70%igem Weingeist.
* In den Rosenblüten befinden sich oft kleine Insekten. Leuchten Sie die Blüten mit einer hellen Lampe an, dann krabbeln die

### Mein Rat

Ätherische Öle sind Vielstoffgemische und sollten sehr vorsichtig dosiert werden. Ein Tropfen des ätherischen Rosenöls kann schnell zu intensiv schmecken. In der Küche verwende ich deshalb bevorzugt Rosenwasser, es ist leichter im Duft und vielseitig verwendbar.

Käfer zum Licht. Alternativ können Sie die Blüten auch fest ausschütteln. Zur Verarbeitung sollten die Rosenblüten außerdem staubfrei und trocken sein.

## Rosenessig und Rosenöl *(kulinarisch)*

Um Rosenessig und Rosenöl anzusetzen, benötigen Sie frische Rosenblüten. Zur Rosenzeit stehen sie Ihnen in großer Fülle zur Verfügung. Denken Sie im Frühsommer deshalb rechtzeitig daran, einen Vorrat an Essig und Öl anzulegen.

### Rosenessig

* Übergießen Sie 50 g frische, gut gereinigte Rosenblüten mit 500 ml leicht erwärmtem, klarem Apfelessig. Alternativ können Sie auch Weißwein- oder Rotweinessig verwenden.
* Lassen Sie die Mischung 2–3 Wochen an einem warmen Ort reifen.
* Seihen Sie nun die Blüten ab und lagern den Essig kühl und dunkel.

Ein Dressing mit Rosenöl und Rosenessig verfeinert herzhafte Gerichte oder frische Salate. Duftenden Rosen-Apfelessig können Sie aber nicht nur in der Küche, sondern auch als erfrischendes Hauttonikum oder als Badezusatz verwenden.

### Rosenöl *(kulinarisch)*

* 50 g frische, gut gereinigte Rosenblütenblätter in ein Einmachglas legen und mit 250 ml Sonnenblumenöl übergießen, alternativ sind Raps- oder Olivenöl verwendbar.
* An einem dunklen Ort bei Zimmertemperatur ca. 1 Woche lang ziehen lassen.
* Abseihen, in saubere Flaschen füllen, kühl und dunkel lagern.

Die Haltbarkeit beträgt je nach Basisöl 2–3 Monate. Wenn Sie getrocknete Rosenblüten verwenden, ist das Öl länger haltbar!

### Mein Rat

Füllen Sie Essig und Öl in schöne Schmuckflaschen und geben Sie einige frische Rosenblüten hinzu. Mit Letzteren können Sie auch den Salat hübsch garnieren!

Setzen Sie zur Rosenzeit Essig und Öl mit frischen Blüten auf Vorrat an.

# Rosenstrauß im Herbstpotpourri

*Frische Rosenblüten
(wie 'Jacques Cartier', 'Rose de
Rescht', 'Comte de Chambord')*

*Clematisblüten
(z. B. Clematis vitalba)*

*Frauenmantel (Blätter und Blüten)*

*Kräuter (wie Salbei, Dost,
Lavendel)*

*Wildrosentriebe mit Hagebutten*

*Schmuckband*

Zum Herbstbeginn zeigen sich einige Historische Rosen wie die 'Rose de Rescht' oder 'Comte de Chambord' noch einmal von ihrer schönsten Seite. Nutzen Sie die Nachblüte als willkommenen Anlass, sich und Ihre Liebsten mit einem spätsommerlichen Rosenstrauß zu beschenken. Die Kombination aus den letzten Blüten und den ersten Hagebutten des Jahres strahlen einen besonderen Reiz aus.

**SO WIRD'S GEMACHT**
* Kürzen Sie alle Pflanzen, soweit möglich, auf eine Länge von ca. 15 cm.
* Entfernen Sie die Dornen an den Rosentrieben.
* Nehmen Sie nun eine schöne Rose für die Straußmitte in die linke Hand und legen mit der rechten Hand jeweils schräg eine Rose, verschiedene Kräuter und Hagebuttenzweige an.
* Der Strauß soll eine leichte Rundung aufweisen, deshalb die Pflanzen nach außen hin immer ein wenig tiefer ansetzen.
* Zum Abschluss die Blumen mit Frauenmantelblättern einrahmen und alle Stielenden auf die gleiche Länge einkürzen.

## Mein Rat

*Umwickeln Sie den Rosenstrauß im oberen Drittel des Stieles mit einem farblich passenden Schmuckband, damit er beim Transport oder in der Vase schön in Form bleibt. Hübsch macht es sich auch, wenn Sie einige Bänder an einem Stück Draht befestigen und zwischen die Pflanzen stecken.*

# Rosenkorb

Sie werden sehen: Einen Korb voller Rosen zu verschenken, bringt dem Schenkenden und dem Beschenkten gleichermaßen Freude! Dadurch lohnt es sich doppelt, ein paar hübsche Rosen aus seinem prächtig erblühten Garten zu entbehren.

*Englische Rosen (wie 'Clamis Castle', 'Heritage')*

*Historische Rosen (Centifolien und Moosrosen)*

*Einige Pfingstrosen*

*Grünpflanzen und Blätter (z. B. Efeu, Hortensie, Clematis, Birke)*

*Flechtkorb mit ca. 20 cm Ø*

*Plastikfolie*

*Trockensteckmasse*

*Feiner Blumendraht*

**SO WIRD'S GEMACHT**

* Einen Korb mit Plastikfolie auskleiden, so dass die Folie knapp unterhalb des Korbrandes endet.
* Trockensteckmasse passend zuschneiden und in den Korb legen.
* Stiele der Rosen und Blätter mit Draht umwickeln – so können sie problemlos in die Steckmasse eingesteckt werden.
* Rosen und Pfingstrosen in unterschiedlichen Höhen einstecken, Efeu und Blätter dazwischen drapieren.
* Trockensteckmasse anfeuchten, um die Blumen frisch zu halten.

## Mein Rat

*Zarte Blätter im frischen Grün des Frühlings gefallen mir besonders gut zu der Kombination aus stark gefüllten, schalenförmigen Rosenblüten und Pfingstrosen.*

# Rosenblütenherz

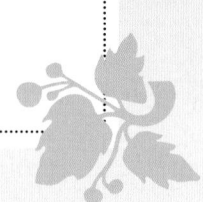

*Fester Blumendraht*
*Blumenbindedraht*
*Kleine Röschen*
*(verschiedene Farben)*

*Kleine Blüten, Blätter und Kräuter*
*(je nach Jahreszeit z. B. Dost,*
*Elfenspiegel, unreife Brombeeren,*
*Birkenblätter)*

*Kräuter wie Rosmarin, Salbei,*
*verschiedene Wildkräuter*

Ob zum Muttertag, zu einer Hochzeitsfeier oder dem Geburtstag der besten Freundin: Ein Herz aus Kräutern und Blüten zeigt, dass der Beschenkte jemand ganz Besonderes ist. Zum Binden eignen sich Beetrosen mit kleinen Blüten, Blütenrispen oder Rosenknospen.

**SO WIRD'S GEMACHT**

* Formen Sie aus dem Blumendraht ein Herz, so dass der Draht in der Mitte des Herzens innen oben und unten etwas übersteht.
* Binden Sie die einzelnen Pflanzen versetzt auf, arbeiten Sie sich dabei jeweils von der oberen Mitte nach außen und schließlich nach unten vor. Das Herz wird am schönsten, wenn Sie Blüten und Kräuter eher schmal aufbinden.
* Zum Schluss mit Draht eine kleine Schlaufe als Aufhängung anbringen.

## Mein Rat

Zum Verschenken legen Sie das Rosenblütenherz auf ein schlichtes Brett mit brennenden Teelichtern. So kann es beispielsweise bei einer Einladung zum Abendessen direkt als Tischdekoration dienen. An der Schlaufe kann das Herz später problemlos aufgehängt werden.

# Haarkranz aus Rosen
## Schön für Kinder

*Strang naturfarbener Bast*

*Feiner Golddraht*

*Kleine Rosenblüten*

*Verschiedene Kräuter (Frauenmantel, Myrte, Buchs, Minze, Melisse, Currykraut etc.)*

Ein Haarkranz aus Rosen lässt Mädchenherzen höherschlagen. Und das Flechten bereitet auch den Erwachsenen große Freude. Machen Sie Ihr Sommer- oder Geburtstagsfest mit diesen hübschen Haarkränzen zu einem unvergesslichen Tag – für die kleinen und die größeren Gäste.

### SO WIRD'S GEMACHT

* Binden Sie den Strang aus Bast an einer Halterung fest und teilen ihn in drei Teile.
* Schneiden Sie die Pflanzen auf eine Länge von 3–5 cm und umwickeln Sie noch weiche Triebe mit einem Golddraht, damit sie nicht abknicken.
* Flechten Sie einen ca. 40 cm langen Zopf, in den Sie gleichmäßig einzelne Rosen und Kräuter einbinden.
* Nehmen Sie den fertigen Zopf aus der Halterung und passen den Haarschmuck am Kopf an. Nun können Sie beide Enden verknoten.

## Mein Rat

*Damit die Haarkränze auch lange Freude machen, nutzen Sie am besten kleine und gut haltbare Rosenblüten, wie zum Beispiel der Rose 'Chevy Chase'. Eine reichblühende Rambler-Rose mit kleinen, gefüllten und recht stabilen Blüten.*

# Hagebutten-Myrtenkränzchen

*Metallkranz*
*Blumenbindedraht*
*Kleine Hagebutten*
*Blühende Zweige der Brautmyrte*

Die Fülle an Hagebuttenformen und -farben beschert uns herrliche Dekorationsmöglichkeiten. Für dieses Kränzchen habe ich die Früchte der *Rosa helenae* verwendet, eine starkwüchsige Rambler-Rose. Ihre kleinen, kugelförmigen Hagebutten harmonieren besonders schön mit den weißen Blüten der Brautmyrte.

## SO WIRD'S GEMACHT

* Bringen Sie den Metallkranz auf die gewünschte Größe und fixieren Sie die Enden mit dem Bindedraht.
* Legen Sie sich kleine Sträußchen mit jeweils einem Fruchtstand der Hagebutte sowie zwei Zweigen der Myrte bereit und binden Sie das erste Sträußchen mittig auf den Kranz.
* Jeweils knapp versetzt links und rechts die weiteren Sträußchen anlegen, bis der Kranz geschlossen ist. Je enger Sie die Abstände wählen, desto fülliger wird er.

## Mein Rat

*Im September reifen die ersten Früchte der Rosen. Sorten wie 'Rambling Rector', Rosa multiflora oder die Strauchrose 'Mozart' bilden kleine, hügelige Hagebutten in verschiedenen Farben aus — ideal für dieses Myrtenkränzchen. Ausgereift sind sie als Herbstnahrung bei Amseln sehr beliebt. Ernten Sie deshalb immer nur einen Teil der Früchte, damit auch die Vögel gut über den Winter kommen.*

# Tischkranz aus Rosen
*Raffiniert*

1 Metallreifen (Ø ca. 20 cm)
Blumenbindedraht
Feiner Golddraht
Frische Rosenblüten
Farblich schöne Rosentriebe
Getrocknete Rosen
Blütenstände von Clematis alpina
Blüten und Blätter von Frauenmantel, Efeu, Strahlengriffel oder Kräutern wie Salbei, Minze, Katzenminze, Lavendel, Currykraut
Schmuckschleife

Wenn im Frühjahr die Natur erwacht und die Rosen nach und nach im Garten erblühen, sollte das gebührend gefeiert werden. Teilen Sie Ihre Freude mit Familie und Freunden und laden Sie zu Ihrem persönlichen Rosenfest. Den Tisch können Sie passend mit diesem herrlichen Kranz aus Rosen dekorieren.

**SO WIRD'S GEMACHT**

* Die Stiele der aufrecht auf einem Gitter getrockneten Rosen zum Einbinden mit einem feinen Golddraht verstärken.
* Stiele der frischen Rosen und Kräuter auf ca. 10 cm einkürzen.
* Bilden Sie jeweils aus einer frischen Rosenblüte, einer getrockneten Rose, etwas Frauenmantel und einer der anderen gewählten Pflanzen kleine Sträußchen und legen Sie eines mittig am Metallreifen an.
* Nun weitere Sträußchen knapp versetzt einmal außen, einmal innen am Reifen positionieren. Legen Sie die Sträußchen dicht an und binden sie gut fest, damit der Kranz auch getrocknet genug Fülle hat.
* Zum Schluss die Sträußchen fast senkrecht einbinden und hinten eine Drahtschlaufe für eine spätere Aufhängung bilden.

## Mein Rat

Wenn Sie den Kranz bei Zimmertemperatur liegend eintrocknen lassen, kann er nach ca. 1–2 Wochen als Türkranz verwendet werden. Besonders schön wirkt es, wenn Sie an der Drahtschlaufe eine farblich passende Schmuckschleife anbringen.

# Rosenbowle

*Für 10–12 Personen:*
*2 Handvoll Rosenblütenblätter*
*150 g Zucker*
*50 ml Himbeersirup*
*100 ml sehr feiner Cognac oder Rosenlikör*
*50 ml natürliches Rosenwasser*
*1 Zitrone*
*2 Fl. trockener Weißwein oder Rosé (gekühlt)*
*2 Fl. trockener Sekt, Prosecco oder Champagner (gekühlt)*

Diese Rosenbowle ist ein herrlich erfrischendes Getränk, das auf keinem Rosenfest fehlen darf! Der fein-süßliche Geschmack der Historischen Rosen kommt wunderbar zur Geltung und macht die Bowle zu einem besonderen Geschmackserlebnis.

### SO WIRD'S GEMACHT

* Einige Rosenblütenblätter zum Verzieren aufheben, den Rest in eine Schüssel geben und mit Zucker bestreuen.
* Nun den Himbeersirup und den Cognac hinzugeben.
* Mindestens 1 Stunde zugedeckt ziehen lassen.
* Danach den kalten Weißwein zugeben und die Mischung für 1 Stunde kalt stellen.
* Nun können Sie die Rosenblätter abseihen und das Rosenwasser in die verbleibende Flüssigkeit mischen.
* Alles in ein Bowlegefäß geben und mit kaltem Sekt, Prosecco oder Champagner auffüllen.
* Mit frischen Rosenblütenblättern verzieren und kalt servieren.

## Mein Rat

*Die Bowle ist Ihnen versehentlich zu stark geworden? Kein Problem – der Alkoholgehalt kann recht einfach durch kohlensäurehaltiges Mineralwasser oder mit Rosen-Eiswürfeln reduziert werden. Diese sind schnell hergestellt: In Eisformen kleine Röschen zum Wasser legen und einfrieren.*

# Arabischer Mokka
*Schnell & einfach*

*40 g Kaffeebohnen (mild geröstet)*
*5 Kardamomkapseln*
*1 l Wasser*
*60 g Zucker*
*Rosenwasser*

Ein traditionelles Rezept aus dem Orient – der exotische Geschmack des Kardamoms erzeugt ein geheimnisvolles Aroma. Trinken Sie den Mokka stark, schwarz und schön heiß. Und reichen Sie stilecht eine kleine Süßigkeit wie Rosenlokum dazu.

## SO WIRD'S GEMACHT

* Die Kaffeebohnen mit den Kardamomkapseln in einer Pfanne bei starker Hitze 4–5 Minuten unter Rühren rösten, bis sie beginnen schwarz und glänzend zu werden.
* Die Bohnen und die Kapseln in einer Kaffeemühle möglichst fein mahlen.
* Das gemahlene Kaffeepulver mit Wasser und Zucker in einem Topf zum Kochen bringen und einmal aufkochen lassen.
* Den Mokka durch ein feines Sieb in kleine Tassen gießen, 1–2 Tropfen Rosenwasser pro Tasse hinzugeben.
* Heiß servieren!

## Mein Rat

*Rösten Sie die Kaffeebohnen mit dem Kardamom auf Vorrat und lagern Sie die Mischung in einer gut verschlossenen Dose. Die Bohnenmischung sollten Sie aber unbedingt stets frisch mahlen, damit das intensive Aroma nicht verloren geht.*

# Blütentee

Lassen Sie den Tag in aller Ruhe mit einer großen Tasse Tee ausklingen. Schwelgen Sie im herrlich blumigen Duft der verschiedenen Blüten. Eine heilkräftige Teemischung mit einer entspannenden und schlaffördernden Wirkung.

*20 g Damaszener-Rosenblüten und -knospen*

*20 g Gallica-Rosenblüten*

*20 g Weißdornblüten und -kraut*

*10 g Melissenblätter*

*10 g Bitterorangenblüten*

*10 g Calendulablüten*

*10 g Malvenblüten*

**SO WIRD'S GEMACHT**

* Vermengen Sie die getrockneten Blüten und Kräuter.
* Füllen Sie die Mischung in eine luftdicht verschlossene Dose, so dass der Blütentee nicht an Geschmack einbüßt.
* Für die Zubereitung benötigen Sie einen gehäuften Teelöffel Blütentee pro Tasse.
* Übergießen Sie die Mischung in einer Teekanne mit kochendem Wasser.
* Nach 5–10 Minuten die Blüten abgießen, der Tee ist servierbereit.

## Verpackungstipp

*Natürlich sollten Sie den Blütentee in einer hübschen Verpackung verschenken! Teeläden, Haushaltswarenabteilungen oder spezialisierte Online-Shops bieten Ihnen eine breite Auswahl an Teedosen. Für spontane Mitbringsel oder kleinere Portionen können Sie die Teemischung auch in kleine Cellophantüten abfüllen und mit farbigen Geschenkbändern zubinden. Ich schenke gerne ein Glas duftenden Rosen-Honig dazu.*

# Rosenlimonade

Nicht nur Kinder lieben diese süßlich-rosige Limonade. Auch Erwachsene begeistert die alkoholfreie Erfrischung, besonders an heißen Sommertagen. Probieren Sie es aus!

*200 ml Wasser*
*200 g heller Rohrohrzucker*
*5 Zitronen*
*2 Handvoll frischer Rosenblüten*
*20 ml natürliches Rosenwasser*

**SO WIRD'S GEMACHT**

* Das Wasser mit dem Zucker unter ständigem Rühren aufkochen.
* Den Topf vom Herd nehmen und die Rosenblüten zugeben.
* Die Mischung abkühlen lassen, dann Zitronensaft und Rosenwasser zugeben.
* 4–5 Stunden ziehen lassen, im Anschluss abseihen.
* Die Limonadenbasis kalt stellen und nach Belieben mit kohlensäurehaltigem oder stillem Mineralwasser auffüllen.
* Die fertige Limonade mit frischen Rosenblättern dekorieren.

## Mein Rat

*Rosensirup wird ähnlich wie Rosenlimonade hergestellt. Nehmen Sie: 200 g dunkle Rosenblüten, in 200 ml Wasser kurz aufkochen lassen, einen Tag zugedeckt stehen lassen, dann mit 250 g Zucker unter ständigem Rühren circa 10 Minuten sirupartig einkochen, vom Herd nehmen und 50 ml natürliches Rosenwasser und eine Prise Zitronensäure zufügen. Gekühlt ist der Sirup einige Wochen haltbar. Sirup verfeinert Süßspeisen – oder Sie bieten ihn als Begrüßungstrunk mit Prosecco an.*

# Darjeeling mit Rosenblüten
*Schnell & einfach*

*250 g Darjeeling (oder Ceylon Broken)*

*40 g getrocknete Rosenblütenblätter, kbA*

*1–2 Tr. ätherisches Rosenöl (Destillat, kbA)*

Schwarzer Tee wird im Gegensatz zu grünem Tee fermentiert und erhält dadurch sein typisches Aroma. In dieser Mischung wird der vollmundige Geschmack des Darjeelings mit Rosenblüten und ätherischem Rosenöl verfeinert.

## SO WIRD'S GEMACHT

* Füllen Sie den Tee mit den Rosenblüten in eine gut verschließbare Dose.
* Beträufeln Sie die Mischung mit 1–2 Tropfen reinem ätherischem Rosenöl, zum Beispiel Rose türkisch oder Rosa-alba-Destillat.
* Lassen Sie die Mischung 2–3 Wochen ziehen, die Dose alle 2 Tage leicht schütteln.
* Den Tee wie gewohnt aufbrühen.

## Mein Rat

*Ich empfehle einen sehr vorsichtigen Umgang mit ätherischem Rosenöl, bitte verwenden Sie wirklich nur wenige Tropfen. Der blumig-honigartige Duft kann schnell zu intensiv wirken.*

# Indisches Rosenlassi

500 g Joghurt
120 ml Wasser
1 EL Crème fraîche
40 ml Rosenwasser
5 EL Akazienhonig
1 Prise Safran

Lassi ist ein erfrischendes Joghurt-Getränk aus Indien, das heute nicht nur in asiatischen Ländern in vielfältigen Geschmacksvariationen – von Mango bis Kardamom – serviert wird. Entführen Sie Ihre Gäste mit diesem leckeren Begrüßungstrunk aus exotischen Zutaten und selbst gemachtem Rosenwasser in ferne Länder.

**SO WIRD'S GEMACHT**

* Mischen Sie alle Zutaten nach und nach mit einem Handmixer oder Schneebesen.
* Stellen Sie das Getränk in den Kühlschrank und lassen es kurz ziehen.
* Gut gekühlt servieren.

## Dekorationstipp

*Geben Sie kurz vor dem Servieren in jedes Glas einige frische Blütenblätter. Eine Gallica-Rose schmeckt anders als eine Damaszener-Rose – probieren Sie verschiedene Sorten aus und entdecken Sie Ihre Lieblingsrose!*

# Hagebuttenlikör

*500 g Hagebutten*
*700 ml Gin*
*300 g weißer Zucker*
*1 Vanilleschote*

Rezepte mit Hagebutten gehören zu meinen Lieblingsrezepten! Ernten Sie die Hagebutten im vollreifen Zustand nach dem ersten Frost. Sie sind dann relativ weich und schmecken herb-süß. Alternativ können Sie die Früchte auch einfach einen Tag lang in das Gefrierfach legen.

### SO WIRD'S GEMACHT

* Die Hagebutten mit einem groben Tuch abreiben und waschen.
* Anschließend die Krönchen und Stiele entfernen.
* Nun die Hagebutten halbieren und zusammen mit der Vanilleschote, dem Zucker und dem Gin in ein Ansatzgefäß füllen. Die Hagebutten sollen gut bedeckt sein!
* Das Gefäß fest verschließen und den Ansatz an einem warmen Platz 4–6 Wochen ziehen lassen. Mindestens zweimal wöchentlich schütteln.
* Nun den Ansatz abseihen und durch ein Tuch filtern.
* Den Likör mindestens 1 Jahr reifen lassen.

## Mein Rat

*Lassen Sie den Likör lange reifen, der Geschmack wird dadurch voller und weicher. Verschenken Sie ihn am besten in dem auf die Zubereitung folgenden Herbst — hübsch dekoriert mit einigen Hagebuttenzweigen und zusammen mit einer frischen Hagebuttenmarmelade.*

# Rosen-Punsch

Wer liebt es nicht, in der Vorweihnachtszeit einen heißen Punsch im Kreis der Familie oder guter Freunde zu trinken. Ich habe mein Lieblingsrezept aus dem Kochbuch meiner Großtante rosig abgewandelt. Eine wunderbare Abwechslung zum üblichen Glühwein!

*500 ml Wasser*
*3 TL Rosentee*
*1 Fl. Rotwein*
*Saft von 1 Zitrone*
*Saft von 2 Orangen*
*3 EL Punschgewürz*
*20 ml Rosenlikör*
*20 ml natürliches Rosenwasser*

**SO WIRD'S GEMACHT**

* Den Rosentee mit 500 ml Wasser und 3 Teelöffeln Rosen-Darjeeling zubereiten.
* Tee abseihen und mit dem Rotwein, dem Zitronen- und dem Orangensaft in einen Topf füllen.
* Die Mischung erhitzen, aber nicht kochen lassen, das Punschgewürz zugeben.
* Zugedeckt 3–4 Stunden ziehen lassen.
* Vor dem Servieren nochmals erhitzen und den Rosenlikör mit dem Rosenwasser hinzufügen.
* Heiß trinken oder mit einer Flasche Prosecco kalt servieren!

## *Mein Rat*

*Eine besondere Köstlichkeit – mischen Sie sich Ihr Punschgewürz selbst: 3 Sternanisblüten, je 2 Teile Damaszener-Rosenknospen mit Piment, Nelkenblüten, grünem Kardamom und Zimtstangen, je 1 Teil Anis und Bitterorangenblüten. In selbst genähten weihnachtlichen Säckchen verpackt, ist das Gewürz ein nettes Mitbringsel zum Nikolausfest.*

# Rosenlikör

*200 g stark duftende Damaszener-Rosenblüten, kbA*

*250 ml Wasser*

*150 g Zucker*

*375 ml Wodka*

*50 ml sehr feiner Weinbrand*

*30 ml natürliches Rosenwasser*

Schon Wilhelm Busch wusste: »Es ist ein Brauch von alters her, wer Sorgen hat, hat auch Likör. Doch wer zufrieden und vergnügt, sieht auch zu, dass er welchen kriegt.« Ihren Ursprung hat die Likörbereitung im Mittelalter, als Heilpflanzen mit Alkohol und Zucker haltbar gemacht wurden. In unserer Zeit steht der Genuss im Vordergrund – natürlich alles in Maßen.

### SO WIRD'S GEMACHT

* Von den frisch gepflückten Rosenblütenblättern die Stielansätze entfernen, sie könnten bitter schmecken.
* Blüten in eine Schüssel legen, mit 250 ml kochendem Wasser übergießen, so dass sie knapp bedeckt sind.
* Zugedeckt ca. 12 Stunden ziehen lassen.
* Das entstandene Rosenwasser abseihen, den Zucker zugeben.
* Die Mischung unter ständigem Rühren erhitzen, bis der Zucker gelöst ist. Erkalten lassen.
* Mit Wodka, Weinbrand und Rosenwasser mischen.
* Den Likör in saubere Flaschen füllen und mindestens 4–6 Wochen kühl stellen. Einen weicheren, volleren Geschmack erhält der Likör nach einer mehrmonatigen Reifezeit.

## Mein Rat

*Der zarte Duft der Rose wird sehr leicht überdeckt – guter Weinbrand ist die Basis für einen geschmackvollen Rosenlikör!*

# Rosen-Felsenbirnen-Marmelade

*600 g Felsenbirnenfrüchte*
*1–2 EL natürliches Rosenwasser*
*20 g frische Rosenblüten*
*300 g Gelierzucker
(2:1 mit Apfelpektin)*

Die Felsenbirne gehört in die Familie der Rosengewächse und bezaubert uns im Frühjahr mit ihren herrlichen weißen Blüten. Zur Rosenzeit im Juni und Juli trägt sie dunkel-purpurfarbene Beeren – eine Köstlichkeit für Mensch und Tier!

**SO WIRD'S GEMACHT**

* Die Beeren in einen Topf geben, mit Wasser bedecken und unter ständigem Rühren weichkochen.
* Die gewonnene Fruchtmasse mit 1–2 Esslöffeln Rosenwasser, fein geschnittenen Rosenblüten und Gelierzucker vermengen (Mischungsverhältnis Beeren zu Gelierzucker ist 2:1).
* 3 Minuten sprudelnd kochen und sofort in sterilisierte Gläser füllen.

## Mein Rat

*Ernten Sie die Beeren im vollreifen Zustand, sie sollten dunkelrot bis lila sein. Passen Sie aber auf, dass Ihnen Amseln und Stare nicht zuvorkommen!*

# Rosen-Marmelade mit Pfirsich und Nektarine

*500 g Pfirsiche*
*500 g Nektarinen*
*1 Handvoll frische Rosenblütenblätter*
*100 ml natürliches Rosenwasser*
*1.000 g Gelierzucker mit Apfelpektin*
*1 kleine Zitrone*

Verschenken Sie mit dieser frisch-fruchtigen Marmelade ein Stück Sommer im Glas!

## SO WIRD'S GEMACHT

* Von den Rosenblütenblättern die weißen Ansätze abzupfen, Blüten in feine Streifen schneiden und in 50 ml Rosenwasser einlegen.
* Pfirsiche und Nektarinen schälen und in feine Scheiben schneiden, mit dem Gelierzucker und 50 ml Rosenwasser vermischen.
* Beide Mischungen über Nacht gut verschlossen ziehen lassen.
* Am nächsten Tag die Pfirsich-Nektarinen-Mischung mit der geriebenen Schale sowie dem Saft einer Zitrone in einen Topf geben und zum Kochen bringen.
* Unter ständigem Rühren 3–4 Minuten sprudelnd kochen lassen.
* Die Masse vom Herd nehmen, die Rosenwasser-Blüten-Mischung zugeben und anschließend pürieren.
* Die Einmachgläser mit kochendem Wasser ausspülen, mit der Marmelade befüllen und sofort luftdicht verschließen.

## Mein Rat

*Nehmen Sie besonders reife Früchte, damit die Marmelade einen vollmundigen Geschmack erhält. Die Haut der Pfirsiche und Nektarinen sollte beim Anfassen leicht nachgeben.*

# Hagebuttenmarmelade

Die Grundsubstanz für dieses gesunde und vielseitig einsetzbare Marmeladenrezept ist ein Mark, das aus den Scheinfrüchten der Rose hergestellt wird – den Hagebutten. Alle Wildrosenarten und viele Gartenrosen tragen im Herbst Früchte und eröffnen dadurch wunderbare Geschmacksvariationen.

*Für das Hagebuttenmark:*
*2 kg Hagebutten*
*3 l Wasser*

*Für die Marmelade*
*(pro 200 g Fruchtmark):*
*¼ TL Agar-Agar*
*100 ml Wasser*
*100 g Rohrohrzucker*
*Ein Stückchen Ingwer*
*Zimt nach Belieben*

### SO WIRD'S GEMACHT

* Zunächst stellen Sie das Hagebuttenmark her. Dazu die Hagebutten waschen, mit einem groben Tuch abreiben und die Krönchen und Stiele abschneiden.
* Die Früchte halbieren und 12 Stunden in Wasser einweichen.
* Anschließend die Hagebutten ca. 2 Stunden weichkochen.
* Das Wasser abseihen, die Hagebutten durch ein Sieb oder mithilfe eines Passiergerätes (Passevite, Flotte Lotte) passieren.
* Nun das Mark mit dem Wasser verdünnen und mit Zucker und einem Stückchen Ingwer 10 Minuten einkochen. Zum Schluss nach Belieben Zimt dazugeben.
* Die heiße Marmelade in sterilisierte Gläser abfüllen und sofort verschließen.

## Mein Rat

*Jede Wildrosenart hat ihre Vorzüge: Bibernellrosen tragen bereits im August schwarze Hagebutten, die Kartoffelrosen zeichnen sich durch besonders große Früchte aus und die Hagebutten der Pillnitzer-Vitaminrose enthalten viel Vitamin C. Ernten Sie die Früchte im vollreifen Zustand, je nach Sorte und Klima ab August bis in den November.*

# Honig & Rosen

*500 g Akazienhonig*
*50 g frische Rosenblütenblätter*
*30 ml natürliches Rosenwasser, kbA*

Feines Rosenaroma lässt einen Honig zu einem ungewöhnlichen Geschmackserlebnis werden. Der dünnflüssige Akazienhonig eignet sich besonders für dieses Rezept: Er hat nur wenig Eigengeschmack und verbindet sich gut mit dem Duft der Rose.

### SO WIRD'S GEMACHT

* Die Rosenblüten säubern.
* Den Honig mit den frischen Rosenblüten leicht erwärmen (nicht über 40 Grad Celsius).
* Die Mischung 2–3 Tage lang ziehen lassen.
* Anschließend den Honig erneut leicht erwärmen und das Rosenwasser hinzufügen.
* Nun die Rosenblüten durch ein Mulltuch abseihen und den Honig in Einmachgläser füllen.
* Einige Rosenblütenblätter als Dekoration hinzugeben.
* Der Honig ist 4–5 Monate haltbar.

## Mein Rat

*Ob im Tee, zu Desserts oder auf einer Scheibe Butterbrot — dieser Honig bereichert nicht nur Ihre Speisekammer. Ein süßes Geschenk für echte Schleckermäuler!*

# Rosenmarzipan

*500 g Honigmarzipan (Rohmasse)*
*2–3 EL natürliches Rosenwasser*
*1 Tr. ätherisches Rosenöl, Destillat*
*1 Tr. Vanilleextrakt (ätherisches Vanilleöl und Weingeist)*
*Kakao, Carob oder getrocknete, fein gemahlene Rosenblüten*

Das Marzipan kam schon im Mittelalter aus dem Orient nach Europa und wurde schnell zu einer beliebten Süßigkeit. Heute wird die zuckrige Mandelmasse beispielsweise zu Mozartkugeln, Dominosteinen oder kleinen Glücksschweinchen verarbeitet. Rosenliebhaber verleihen dem Konfekt gerne mit Rosenwasser eine ganz besondere Note.

**SO WIRD'S GEMACHT**

* Vermengen Sie das Marzipan, das Rosenwasser und das ätherische Öl gut mit einer Gabel in einer Porzellanschüssel.
* Die Marzipanmasse soll geschmeidig und weich werden. Nach Belieben können Sie zusätzlich Rosenwasser hinzugeben.
* Formen Sie nun kleine Kugeln und wenden sie in Rosenblüten, Carob oder Kakao.
* Bewahren Sie das Rosenmarzipan in einer luftdicht verschlossenen Verpackung auf.

## Dekorationstipp

*Verzieren Sie die Marzipankugeln mit karamellisierten oder frischen Rosenblüten. Das sieht nicht nur schön aus, sondern verstärkt auch den Rosengeschmack.*

# Rosen-Cupcakes
*Schnell & einfach*

*Für etwa 30 Cupcakes:*
*150 g Butter, 150 g Zucker*
*175 g Mehl*
*1 Päckchen Vanillezucker*
*3 Eier*
*1 Msp. Natron*

*Schaummasse:*
*150 g weiche Butter*
*250 g Puderzucker*
*1 Msp. Vanilleextrakt*
*1 TL heißes Wasser*
*Natürliches Rosenwasser*

Diese kleinen Rosentörtchen sehen nicht nur klasse aus – sie schmecken auch himmlisch. Das feine Gebäck passt wunderbar zu einer gemütlichen nachmittäglichen Teestunde.

**SO WIRD'S GEMACHT**

* Den Ofen auf 180–200 Grad vorheizen.
* Die Butter schaumig rühren, dann den Zucker, das Mehl, den Vanillezucker, die Eier und eine Messerspitze Natron hinzufügen und kräftig rühren.
* Den Teig in kleine Muffin-Formen füllen und 15–20 Minuten backen.
* Für die Glasur alle nötigen Zutaten mischen und mit einem Schneebesen oder Mixer aufschlagen, bis die Masse weiß ist. Nach Wunsch die Flüssigkeit mit einer Prise Rote-Bete-Extrakt oder Lebensmittelfarbe rosa färben.
* Die Schaummasse in eine Spritztüte füllen und die abgekühlten Cupcakes damit verzieren.

## Dekorationstipp

*Das Auge isst bekanntlich mit – garnieren Sie deshalb die Törtchen mit frischen oder getrockneten Rosenblüten.*

# Rosen-Schoko-Kuchen

*Kuchenteig:*
*200 g weiche Butter*
*200 g dunkle Kuvertüre*
*200 g Puderzucker*
*8 Eigelb*
*Abgeriebene Schale von ½ Zitrone*
*200 g gemahlene Mandeln*
*8 Eiweiß*
*50 g Rohrohrzucker*
*150 g fein gemahlenes Dinkelmehl*
*20 g Kartoffelstärke*
*2 TL Weinstein-Backpulver*
*Frische Rosenblüten*

*Glasur:*
*Puderzucker und Rosenwasser*
*Frische Rosenblüten*

Dieses Rezept ist ideal für ein gemütliches Kaffeekränzchen mit Ihren Freundinnen. Falls Sie gehaltvollere Köstlichkeiten gerne in kleinen Portionen servieren, können Sie den Teig auch in mehrere Muffin-Förmchen füllen!

## SO WIRD'S GEMACHT

* Backofen auf 190 Grad Celsius vorheizen.
* Die Butter mit der geschmolzenen Kuvertüre glatt rühren und mit dem Puderzucker sowie dem Eigelb schaumig rühren.
* Die abgeriebene Zitronenschale und die Mandeln hinzufügen.
* Das Eiweiß mit dem Zucker steif schlagen.
* Die Masse zusammen mit Mehl, Kartoffelstärke, Backpulver und frischen, klein geschnittenen Rosenblüten vorsichtig unter die Schaummasse heben.
* Den Teig in eine Rosen-Backform füllen und etwa 60 Minuten backen.
* Den Kuchen abkühlen lassen und mit einer Glasur aus Rosenwasser und Puderzucker überziehen. Nach Belieben mit frischen Rosenblüten dekorieren.

# Rosen-Lebkuchengebäck

*Für etwa 80 Stück:*
*250 g Honig, 125 g Butter*
*125 g Zucker*
*500 g Mehl (Type 550)*
*25 g Kakao*
*2 EL gerebelte Rosenblütenblätter*
*1 TL Zimt gemahlen*
*1 TL Lebkuchengewürz*
*2 Eier, 5 g Pottasche*
*3 EL natürliches Rosenwasser*

*Zur Verzierung:*
*Puderzucker, Rosenblüten, kandierte Rosenblütenblätter, Mandeln*

Im Winter erinnert uns der Rosenduft an gemütliche Stunden im Garten. Genießen Sie dieses feine, süße Gebäck in der Adventszeit – vielleicht kombiniert mit einem heißen Rosen-Punsch?

## SO WIRD'S GEMACHT

* Honig, Butter und Zucker in einem Topf unter ständigem Rühren leicht erwärmen, bis der Zucker aufgelöst ist. Danach abkühlen lassen.
* Mehl in eine große Schüssel sieben, Kakao, Rosenblüten, Zimt, Lebkuchengewürz und Honigmasse mit den Eiern hinzufügen.
* Pottasche im Rosenwasser auflösen und zu der Masse geben.
* Alles zu einem geschmeidigen Teig kneten und einige Stunden kühl stellen.
* Den Teig auf leicht bemehlter Unterlage ca. 0,5 cm dick ausrollen und beliebige Formen ausstechen.
* Im vorgeheizten Backofen bei rund 180 Grad ca. 13 Minuten backen.

## Mein Rat

*Lagern Sie das Lebkuchengebäck in einer gut verschlossenen Dose, dann hält sich das Aroma über die ganze Weihnachtszeit.*

# Feines Mürbegebäck
*Schnell & einfach*

Probieren Sie auch so gerne neue Backrezepte aus? Dann verrate ich Ihnen mein absolutes Lieblingsrezept. Da es schnell gemacht ist, bringe ich das Gebäck gerne meinen Freundinnen zum Nachmittagstee mit.

*250 g Butter*
*65 g Zucker*
*2 Eier*
*2 EL Rosenwasser*
*115 g etwas gröber gemahlene Mandeln*
*65 g Maisstärke*
*250 g Mehl (½ Weizenmehl 550, ½ Dinkelvollkornmehl)*
*Rosenwasser*
*Rosenzucker*
*Ca. 50 g Mehl zum Ausrollen*

### SO WIRD'S GEMACHT
* Den Backofen auf 170–180 Grad Celsius vorheizen.
* Die Butter schaumig rühren, Zucker, Eier und Rosenwasser zufügen.
* Die Mandeln und die Maisstärke in die Buttermischung geben.
* Nun mit dem Mehl verkneten, so dass ein weicher Teig entsteht.
* Den fertigen Teig auf etwas Mehl 4–5 mm dick ausrollen und kleine Plätzchen ausstechen.
* Das Gebäck auf einem mit Backpapier ausgelegten Blech ca. 14 Minuten lang backen.
* Danach die Plätzchen gut auskühlen lassen.
* Die Plätzchen mit Rosenwasser bestreichen und sofort mit Rosenzucker bestreuen.

## Mein Rat
*Damit die Plätzchen einen vollen Geschmack bekommen, verwende ich zum Backen gerne frisches, fein gemahlenes Dinkelvollkornmehl. Wenn Sie das Gebäck in einer dicht schließenden Blechdose aufbewahren, können Sie es etwa 4 Wochen lang genießen — und verschenken!*

# Rosentorte

*Biskuitteig:*
*4 Eigelb, 180 g Rohrohrzucker*
*1 Päckchen Vanillezucker, 4 Eiweiß*
*3–4 EL Wasser, 150 g Mehl*
*100 g Speisestärke*
*3 gestrichene TL Backpulver*

*Creme:*
*3 TL Agar-Agar*
*2–3 EL Rosenwasser*
*500 g Erdbeeren oder Himbeeren*
*250 g Speisequark, 250 g Joghurt*
*80 g Akazienhonig oder Rohrohrzucker*
*Abgeriebene Schale von 1 Zitrone*
*Rosenblüten, Erdbeeren oder Himbeeren zum Verzieren*

Diese Torte ist schnell zubereitet und kann gerade zur Rosenzeit sehr individuell dekoriert werden. Zu Ehren eines Geburtstagskindes legen Sie seinen Namen mit frischen oder kandierten Rosenblütenblättern auf die leckere Torte.

## SO WIRD'S GEMACHT

### Biskuitteig
* 4 Eiweiß mit 2 Esslöffeln Wasser zu steifem Schnee schlagen.
* Nun Eigelb, Zucker und Vanillezucker mit 2 Esslöffeln Wasser schaumig schlagen.
* Eiweißschnee, Mehl, Backpulver und Speisestärke vorsichtig unter die Schaummasse heben.
* In eine Springform mit 26 cm Durchmesser füllen und bei 180 Grad Celsius ca. 40 Min. backen. Auskühlen lassen!

### Creme
* Früchte waschen und pürieren, Agar-Agar mit dem Rosenwasser kurz erwärmen.
* Quark, Joghurt, Honig (oder Zucker) und Zitronenschale verrühren. Rosenwasser-Agar-Agar-Mischung hinzufügen.
* Die fertige Crememasse auf den kalten Biskuitteig in der Springform geben, einige Stunden fest werden lassen.
* Backformring entfernen und Torte mit Früchten und frischen Rosenblüten verzieren, gekühlt servieren.

# Orientalisches Rosenlokum

*2 EL Agar-Agar*
*4 EL Rosenwasser*
*450 g Rohrohrzucker*
*1 Msp. Rote-Bete-Extrakt*
*130 ml Wasser*
*20 ml Rosenwasser*
*25 g Mandeln*
*20 g Maisstärke*
*60 g Puderzucker*

Diese orientalische Süßigkeit wird gerne zu duftendem Mokka serviert. Als Geliermittel bevorzuge ich geschmacksneutrales Agar-Agar, ein rein pflanzliches Geliermittel – so ist die Spezialität auch für Vegetarier und Veganer geeignet.

**SO WIRD'S GEMACHT**

* Verrühren Sie das Agar-Agar mit dem Rosenwasser.
* Kochen Sie unter ständigem Rühren den Zucker in 130 ml Wasser, bis ein klarer Sirup entsteht.
* Nehmen Sie den Zuckersirup vom Herd und fügen nun die Agar-Agar-Mischung hinzu.
* Jetzt rühren Sie die Mandeln unter und füllen die Masse in einen tiefen Teller. Das Ganze soll ca. 12 Stunden erkalten.
* Schneiden Sie die fest gewordene Masse in quadratische Stücke.
* Mischen Sie die Maisstärke mit dem Puderzucker und wenden darin die fertigen Rosenlokum-Stücke.

## Mein Rat

*Geben Sie fein gemahlene Rosenblüten in die Mischung aus Maisstärke und Puderzucker, dadurch wird der Rosengeschmack verstärkt und die Süßigkeit erhält eine leuchtende Farbe.*

# Rosenbutter
*Schnell & einfach*

*250 g weiche Butter*
*1 EL Rosenwasser*
*1 TL Zitronensaft*
*4 EL frische Rosenblütenblätter*
*Salz*
*Rosenpfeffer*

Wenn Sie das nächste Mal bei guten Freunden zum Sonntagsfrühstück eingeladen sind, steuern Sie neben einem hübschen Strauß Rosen doch auch einen kulinarischen Beitrag zum Frühstückstisch bei. Diese Rosenbutter gibt einem Brötchen eine ganz besondere Note und ist ein beliebter Aufstrich bei Groß und Klein!

**SO WIRD'S GEMACHT**

* Rühren Sie die Butter mit dem Rosenwasser und dem Zitronensaft schaumig.
* Waschen Sie die Rosenblüten und entfernen alle weißen Blütenansätze.
* Nun hacken Sie die Blüten in sehr feine Stücke.
* Nach Belieben können Sie eine Prise Salz und Pfeffer unter die Butter rühren.
* Füllen Sie die fertige Rosenbutter in eine Form und bewahren sie im Kühlschrank auf.

## Mein Rat

*Es ist gerade keine Rosenzeit oder Sie haben keine frischen Rosenblüten zur Hand? Keine Sorge, für die Rosenbutter können Sie problemlos auch getrocknete, grob gemahlene Rosenblütenblätter verwenden.*

# Kandierte Rosenblütenblätter

*Frische Rosenblütenblätter*
*1 Eiweiß*
*1 TL Gummi arabicum*
*Feiner Zucker oder Puderzucker*

Kandierte Rosen sind eine feine und haltbare Dekoration für Kuchen, Desserts und andere Köstlichkeiten. Ich serviere diese schmackhaften Blüten meinen Gästen besonders gerne zu Konfekt oder Rosenmarzipan.

## SO WIRD'S GEMACHT

* Säubern Sie die frischen Rosenblütenblätter (nicht wässern).
* Schlagen Sie das Eiweiß leicht schaumig und verrühren es mit etwas Gummi arabicum.
* Tragen Sie nun die Mischung vorsichtig mit einem feinen Pinsel auf die Rosenblüten auf.
* Bestreuen Sie die Blüten sofort mit Zucker. Den überschüssigen Zucker können Sie problemlos abschütteln.
* Legen Sie die gezuckerten Blütenblätter auf einen Rost und lassen sie an einem luftigen, trockenen Ort 2–3 Tage lang trocknen, bis sie sich hart anfühlen.
* Bewahren Sie die kandierten Rosenblütenblätter in einem gut verschließbaren Gefäß auf.

## *Mein Rat*

*Für diese Leckerei eignet sich besonders die 'Konditorrose' ('Conditorum'). Wie bereits ihr Name verrät, wird diese stark duftende Gallica-Rose mit ihren festen Blüten schon von alters her für Süßspeisen verwendet.*

# Süße Rosenblüten

*100 g frische Rosenblütenblätter*
*100 g heller Rohrohrzucker*
*Saft von 1 Zitrone*

Süße Rosenblüten schmecken herrlich zu Desserts wie Eiscreme oder Pudding. Besonders dunkelfarbene Rosen peppen nicht nur den Geschmack solcher einfachen Nachtische auf, sondern sorgen auch für ein schönes Farbenspiel. Runden Sie den Geschmack der süßen Rosenblüten mit anderen Gewürzen ab, zum Beispiel mit einer Prise Safran oder Zimt.

### SO WIRD'S GEMACHT

* Von den Rosenblütenblättern den Stielansatz entfernen, er könnte bitter sein.
* Die Blütenblätter mit dem Saft einer Zitrone beträufeln und 3–4 Stunden ziehen lassen.
* Nun den Zucker zugeben und fest mit den Rosen verreiben, bis eine sämige Paste entsteht.
* Die süßen Rosenblüten in ein sauberes Glas füllen und kühl, dunkel und gut verschlossen aufbewahren.

## Mein Rat

*Wenn Sie die süßen Rosenblüten im Kühlschrank verwahren, sind sie 3–4 Wochen haltbar. Falls Sie noch länger in ihren rosigen Genuss kommen möchten, geben Sie einen Schuss feinen Cognac hinzu.*

# Rosen-Eis

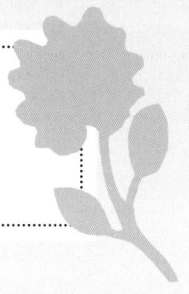

60 ml Milch
20 ml Rosenwasser
90 ml Sahne
1 Eigelb
40 g Zucker
½ TL Johannisbrotkernmehl
1 Msp. Vanillepulver

Speiseeis ist nicht nur in unserer Zeit als beliebtes Dessert bekannt. Schon im antiken Griechenland gönnte sich die Oberschicht diesen »Schnee vom Olymp«, der aus Gletscherschnee und Früchten, Honig oder Rosenwasser zubereitet wurde.

**SO WIRD'S GEMACHT**

* Die Zutaten zusammen unter Rühren langsam erhitzen.
* Die entstandene Masse im kalten Wasserbad abkühlen lassen.
* Nun die erkaltete Masse in eine Eismaschine geben und zu Eiscreme verrühren.

## Dekorationstipp

Überraschen Sie Ihre Gäste mit einem professionell dekorierten Nachtisch! Geben Sie jeweils drei kleine Kugeln Eis auf einen großen, einfarbigen Teller und malen Sie mit etwas Rosensirup dünne, schwungvolle Linien als Muster um den Tellerrand. Dazu platzieren Sie noch einige frische Rosenblüten und das Dessert ist servierbereit.

# Panna Cotta mit Rosensirup

250 ml Sahne
230 ml Milch
1 Msp. Vanillepulver
50 g Zucker
1 TL Agar-Agar
20 ml Rosenwasser
(Frische) Rosenblüten
Rosensirup

Dieses norditalienische Dessert lässt garantiert Sommerlaune aufkommen und bringt Ihnen ein Stück Dolce Vita nach Hause. Ich empfehle es wärmstens als kulinarisches Mitbringsel zur nächsten Sommerparty, am besten kombiniert mit frischen Erdbeeren oder Himbeeren.

**SO WIRD'S GEMACHT**

* Geben Sie Sahne, Milch, Vanille, Zucker und Agar-Agar in einen Topf.
* Lassen Sie alles zusammen aufkochen und etwa 20 Minuten lang köcheln. Regelmäßiges Umrühren nicht vergessen!
* Fügen Sie nun das Rosenwasser hinzu und füllen die warme Masse in eine geeignete Form.
* Im Kühlschrank erkalten lassen.
* Nach etwa 4 Stunden können Sie die Panna Cotta auf einen Servierteller stürzen.
* Geben Sie noch etwas Rosensirup darüber und garnieren Sie die Süßspeise mit frischen (oder getrockneten) Rosenblüten.

## Mein Rat

*Auch in ein Winter-Menue lässt sich Panna Cotta wunderbar als Nachtisch integrieren — beispielsweise in Kombination mit heißen Früchten! Falls Sie lieber besonders einfach zum Ziel kommen möchten, können Sie auch aus einem Vanillepuddingpulver schnell einen Rosenpudding zaubern: Ersetzen Sie 2 Esslöffel Milch durch Rosenwasser, 1 Prise Rote-Bete-Extrakt gibt außerdem eine schöne rosa Farbe.*

# Hagebuttensirup
*Braucht ein wenig Zeit*

*1 kg reife Hagebutten*
*2,5 l Wasser*
*700 g Rohrohrzucker*

Hagebuttensirup ist durch seinen leicht säuerlichen Geschmack eine erfrischende Abwechslung zu einem herkömmlichen Sirup. Ich setze ihn in meiner Küche besonders gerne als Gegenpol zu süßen Speisen ein.

### SO WIRD'S GEMACHT

* Die Hagebutten waschen und mit einem groben Tuch abreiben, Krönchen und Ansätze entfernen.
* Die Früchte in 1 ½ Liter Wasser 30 Minuten kochen.
* Die gekochten Hagebutten mindestens einen Tag stehen lassen. Je länger Sie warten, desto besser überträgt sich der Vanillegeschmack aus den Kernen.
* Dann die Hagebutten im geschlossenen Topf weichkochen.
* Die Früchte durch ein Baumwolltuch oder feines Sieb abseihen, den Saft auffangen und im Kühlschrank aufbewahren.
* Die Hagebutten erneut im geschlossenen Topf mit 1 l Wasser 15 Minuten kochen und einen Tag lang ziehen lassen.
* Am nächsten Tag den Vorgang wiederholen.
* Die beiden gewonnenen Säfte mischen und mit dem Zucker ca. 10 Minuten bei milder Hitze unter ständigem Rühren zu Sirup einkochen.
* Flaschen mit kochendem Wasser ausspülen, mit dem Sirup befüllen und luftdicht verschließen.
* Den Sirup im Kühlschrank aufbewahren und nach dem Öffnen innerhalb von 2–3 Wochen verbrauchen.

# Wellness und Pflege

# Badesalz mit Rosenblüten
*Schnell & einfach*

*300 g Meersalz*
*100 g getrocknete Rosenblüten, kbA*
*8 Tr. ätherisches Rosenöl, Destillat*
*¼ TL Rote-Bete-Extrakt*

Lassen Sie die Anspannung des Alltags förmlich baden gehen! Wunderbar eignet sich dazu ein selbst gemachtes Badesalz mit Rosenblüten. Der Duft der Rose beruhigt das Gemüt und sorgt für seelisches Gleichgewicht. Die Wärme des Wassers lockert die Muskeln und öffnet die Hautporen. Und das Meersalz unterstützt die Entschlackung des Stoffwechsels durch die Haut. Ein dekoratives Geschenk, das wohltuende Entspannung bringt.

### SO WIRD'S GEMACHT

* Das Meersalz in einer Porzellanschüssel mit den Rosenblüten und dem ätherischen Öl gut mischen.
* Anschließend den Rote-Bete-Extrakt zufügen und sorgfältig vermengen.
* Die Mischung ca. 1–2 Wochen reifen lassen.
* Das Badesalz in schöne Gläser füllen und beschriften.
* Dosierung: pro Wannenbad 4–5 Esslöffel.

## Mein Rat

*Besonders hautpflegend wirkt die Mischung, wenn Sie zusätzlich 2 Esslöffel kaltgepresstes Olivenöl ins Badewasser geben. Und natürlich können Sie neben den Rosenblüten auch andere duftende Kräuter in das Badesalz mischen: Lavendel, Bitterorangenblüten und Römische Kamille wirken entspannend, Rosmarin wirkt anregend.*

# Pflegende Badepralinen

*Für 10 bis 20 Stück
(je nach Größe der Formen):*

*50 g Natronpulver
(Natriumhydrogencarbonat)*

*50 g Zitronensäurepulver*

*40 g Speisestärke*

*25 g Sheabutter unraffiniert*

*Rote Lebensmittelfarbe als Pulver
(nach Wunsch)*

*5 Tr. reines ätherisches Rosenöl
(Destillat)*

Sheabutter macht die Haut wunderbar zart und weich, ätherisches Rosenöl entspannt und baut Stress ab. Das ist genau die richtige Mischung für ein wohltuendes Badevergnügen. Aber das besonders Raffinierte an diesem Rezept ist: Durch die Zugabe von Natron und Zitronensäure lösen sich die Pralinen langsam sprudelnd auf – und geben so nach und nach ihren zarten Duft ab.

**SO WIRD'S GEMACHT**

* Mischen Sie Natron, Zitronensäure, Stärke und Lebensmittelfarbe in einer Schüssel.
* Sheabutter im Wasserbad bei max. 45 Grad schmelzen lassen und in das Pulvergemisch einrühren.
* Ätherisches Rosenöl dazugeben.
* Füllen Sie die Masse in kleine Formen und lassen Sie die Pralinen im Kühlschrank aushärten.

## Mein Rat

*Benutzen Sie nur Formen in kleinen Größen, da die Badepralinen sehr gehaltvoll sind!
Am besten eignen sich elastische, kleine Eiswürfelformen oder sehr kleine Seifenförmchen.*

# Entspannendes Badeöl Rose-Lavendel

*Ergibt 3 Fläschchen à 50 ml:*

*150 ml Mandelöl (Kaltpressung)*

*30 Tr. reines ätherisches Lavendelöl (Destillat)*

*20 Tr. reines ätherisches Rosenöl (Destillat)*

*20 Tr. reines ätherisches Bergamotteöl (Kaltpressung)*

Ihre beste Freundin ist immer aktiv und scheinbar pausenlos auf den Beinen? Dann ist dieses Badeöl aus Rose, Lavendel und Bergamotte genau das richtige Geschenk für sie. Als abendliches Bad bringt es pure Entspannung!

**SO WIRD'S GEMACHT**

* Mischen Sie das Mandelöl mit den verschiedenen ätherischen Ölen.
* Lassen Sie die Mischung einige Tage durchziehen, damit sich die Düfte entwickeln können.
* Füllen Sie das fertige Badeöl in schöne Fläschchen und legen Sie dem Geschenk eine kleine »Badeanleitung« bei.

## Mein Rat

*Schreiben Sie die Badeanleitung auf ein kleines Geschenkkärtchen, das Sie mit Geschenkband an der Flasche befestigen: »1–2 Teelöffel Badeöl, 1 Teelöffel Honig und 1 Tasse Sahne (oder Milch) mischen und in das heiße Badewasser geben. Nach Wunsch können noch einige getrocknete Rosenblütenblätter hineingestreut werden.« Für ein hübsches Geschenk-Set legen Sie außerdem Kerzen, Teelichter und getrocknete Rosenblüten bei.*

# Milchbad mit Rosenduft
*Geht ganz einfach*

*100 g Milchpulver*

*40 g Speisestärke*

*10 g Natronpulver (Natriumhydrogencarbonat)*

*Getrocknete Rosenblütenblätter (nach Wunsch)*

*10 Tr. ätherisches Rosen-Attar (Destillat)*

Ab und zu sollte man sich etwas Luxus gönnen! Dieses Milchbad enthält Rosen-Attar, das betörend nach Rosen und Sandelholz duftet. Durch das Milchpulver wird die Haut zart und geschmeidig – ein sinnliches Badevergnügen – das garantiert nicht nur Ihnen Freude bereiten wird.

### SO WIRD'S GEMACHT

* Vermischen Sie Milchpulver, Speisestärke und Natron gut in einer Schüssel.
* Geben Sie Rosenblütenblätter und ätherisches Öl hinzu und mischen wiederum gut durch.
* Nun können Sie den fertigen Badezusatz in eine schöne Flasche oder in mehrere kleine Reagenzgläser füllen.
* Lassen Sie das Milchbad vor Gebrauch noch einige Tage durchziehen, dann duftet es noch intensiver nach Rosen.

## Mein Rat

*Geben Sie zusätzlich 1–2 Esslöffel Sahne und etwas Honig in das Badewasser – für einen noch pflegenderen Badegenuss!*

# Prickelnde Rosen-Badeblüten

*Ergeben 10 bis 20 Stück (je nach Größe der Formen):*

*100 g Natron (Hydrogencarbonat)*

*100 g Zitronensäurepulver*

*50 g Speisestärke*

*20 ml Mandelöl, kaltgepresst*

*Lebensmittelfarbe als Pulver oder Rote-Bete-Pulver*

*10 Tr. reines ätherisches Rosenöl (Destillat)*

Diese Badekugeln mit Rosenduft verwandeln Ihre Badewanne in ein Sprudelbad. Durch die Zugabe von wertvollem Mandelöl wirken sie außerdem wunderbar pflegend für Ihre Haut. Ein wahrlich prickelndes Badeerlebnis!

**SO WIRD'S GEMACHT**

* Mischen Sie Natron, Zitronensäure und Stärke in einer ausreichend großen Schüssel.
* Geben Sie das Öl nach und nach zu, bis eine breiige Masse entstanden ist, die sich gut zusammenpressen lässt. Sie darf nicht zu flüssig werden!
* Ätherisches Rosenöl und Farbstoff untermischen und gut verkneten.
* Füllen Sie die Masse in kleine Förmchen.
* Die Badeblüten müssen mindestens einen Tag lang aushärten. Je länger sie trocknen, desto besser sprudelt das Badewasser!

## Mein Rat

*Schön zum Verschenken sind auch Badeherzen. Drücken Sie die Masse fest in kleine, gefettete Herzformen und lassen sie einen Tag trocknen. Am besten eignen sich dazu elastische Förmchen aus Silikon.*

# Wärmekissen mit Rosen & Rapssamen

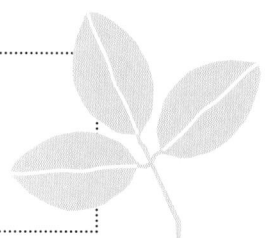

*20 x 25 cm Baumwoll- oder Leinenstoff*

*21 x 26 cm fester Stoff mit Rosenmotiv*

*Rapssamen (getrocknet und gereinigt)*

*50 g Rosenblüten, alternativ auch:*

*Melissenblätter, Röm. Kamille, Lavendelblüten, Jasminblüten, Bitterorangenblüten*

Dieses hübsche Wärmekissen wird mit duftenden Rosenblüten und besonders wärmespeichernden Rapssamen gefüllt. Durch die feinkörnige Struktur der Samen ist das Kissen sehr weich und anschmiegsam. Ein nützliches Geschenk, das alle Sinne anspricht.

### SO WIRD'S GEMACHT

* Wählen Sie einen naturfarbenen bzw. weißen Stoff aus Baumwolle oder Leinen und nähen Sie ein Innenkissen, Größe ca. 20 x 25 cm. Lassen Sie eine Seite zum Befüllen offen.
* Füllen Sie das Kissen etwas weniger als halbvoll mit Rapssamen und getrockneten Rosenblüten auf (oder alternativ mit anderen Kräutern Ihrer Wahl). Nähen Sie die verbliebene Seite zu.
* Nähen Sie nun einen schönen Überzug aus einem Stoff mit Rosenmuster (Maße 21 x 26 cm).
* Anwendung: Das Kissen bei 100–120 Grad im Backofen für 10–15 Minuten erhitzen und direkt am Körper auflegen.

## Mein Rat

*Wärmekissen helfen bei verspannten Muskeln, Bauch- oder Gelenkschmerzen und spenden Ihnen wohltuende Wärme in kalten Stunden. Bei manchen Leiden hilft allerdings eher Kälte – zum Beispiel bei Verstauchungen, Blutergüssen oder Kopfschmerzen.*

*Mein Tipp: Legen Sie das Kissen in einer Plastiktüte in Ihr Gefrierfach, so kann es auch als Kältekompresse genutzt werden.*

# Entspannungskissen für die Augen

*21 x 21 cm Seidenstoff  
(Crepe Satin)  
Ca. 130 g Amaranth  
1 Handvoll Rosenblüten, kbA*

Schon Hildegard von Bingen riet: »Am frühen Morgen nimm ein Rosenblatt, lege es auf deine Augen.« Dieses Kissen vereint auf sehr wohltuende Weise die entspannende Wirkung des Rosenduftes mit der angenehm kühlenden Wirkung von Amaranth, dem Korn der Inkas. Probieren Sie bei Kopfschmerzen und müden Augen, wie herrlich es erfrischt und lindert.

### SO WIRD'S GEMACHT

* Schneiden Sie den Seidenstoff mit einer Stoff-Zackenschere auf 21 x 21 cm zu (inklusive Nahtzugabe).
* Legen Sie den Stoff der Länge nach aufeinander und nähen das Kissen an der langen und einer schmalen Seite zu – eine schmale Seite sparen Sie zum Befüllen aus.
* Füllen Sie nun das Kissen vorsichtig mit Amaranth und Rosenblüten.
* Anschließend nähen Sie die verbliebene Seite mit Matratzenstichen zu.

## Mein Rat

*Besonders entspannend wirkt es, wenn Sie Ihre Augenlider mit natürlichem Rosenwasser (ohne Alkohol) benetzen und dann das Kissen auflegen. Schenken Sie mit dem Kissen am besten gleich ein kleines Fläschchen Rosenwasser!*

# Rosen-Traum-Herzen

*Seidenstoff*

*Blüten und Knospen der Damaszener-Rose, kbA*

*1–2 Tr. ätherisches Rosenöl, Destillat*

Ihre beste Freundin klagt häufig über schlechten Schlaf? Dann schenken Sie ihr doch ein mit Rosenblüten gefülltes Traum-Herz. Auf das Kopfkissen gelegt, wird es sie sicher in süße Träume geleiten.

## SO WIRD'S GEMACHT

* Basteln Sie sich eine Pappschablone in Herzform.
* Schneiden Sie jeweils 2 Stücke Seidenstoff mithilfe der Schablone zu.
* Nähen Sie die beiden Stoffteile so zusammen, dass eine Öffnung von 2–3 cm bleibt, durch die Sie die Rosenblüten später einfüllen können.
* Vermischen Sie die Rosenblüten und -knospen in einer Schüssel mit dem ätherischen Öl.
* Befüllen Sie nun das Seidenherz mit der Rosenblüten-Mischung und nähen es mit Matratzenstichen zu.

## Mein Rat

*Damit das Kissen immer herrlich duftet, sollten Sie einmal pro Jahr die Rosenblüten-Mischung auswechseln. Als Alternative können Sie auch etwas ätherisches Rosenöl direkt auf die Blüten träufeln (nicht auf die Seide).*

# Lippen-Balsam Rosenduft
*Geht ganz einfach*

Pflegendes Mandelöl und echte Kakaobutter machen Ihre Lippen blütenzart. Das Rezept ergibt ungefähr 5 Döschen Balsam – so können Sie sich eines selbst gönnen und die anderen an liebe Freunde verschenken!

*Für ca. 5 Döschen à 10 ml:*
*20 g Mandelöl (Kaltpressung)*
*20 g Kakaobutter (unraffiniert)*
*10 g Bienenwachs (pestizidfrei)*
*5 Tr. reines ätherisches Rosenöl (Destillat)*

**SO WIRD'S GEMACHT**

* Erwärmen Sie die Kakaobutter und das Mandelöl vorsichtig bei geringer Hitze im Wasserbad.
* Geben Sie das Bienenwachs zu und lassen es schmelzen.
* Warten Sie, bis die Masse etwas abgekühlt ist, und rühren Sie dann das ätherische Öl unter.
* Sie können den Balsam jetzt in kleine Döschen abfüllen.
* Lassen Sie den abgefüllten Balsam bei geöffnetem Deckel abkühlen. Der fertige Lippenbalsam ist ca. 1 Jahr verwendbar.

## Verpackungstipp

*Für die praktische Handhabung: Bei kosmetischen Rohstoffhändlern erhalten Sie auch leere Lippenstifthülsen, die Sie mit dem Balsam befüllen können.*

# Rosenblütenseife

*5–20 Stück (je nach Größe der Formen):*

*150 g duftneutrale, feine Seifenspäne (z. B. Kernseife)*

*100 ml reines Rosenwasser ohne Alkohol*

*20 ml Zitronensaft*

*2 TL Sonnenblumenöl*

*3 TL fein gemahlener Hagebuttentee (aus Teebeuteln)*

*10 Tr. reines ätherisches Rosenöl (Destillat)*

Durch duftendes Rosenwasser und reines ätherisches Rosenöl wird diese feine Seife zum puren Genuss! Rosenwasser und Rosenöl pflegen strapazierte Hände, der Zitronensaft unterstützt die Reinigungswirkung. Die Zugabe von Hagebuttentee ergibt eine leichte Rosafärbung und ist ein sanftes Peeling für die Haut.

**SO WIRD'S GEMACHT**

* Mischen Sie die Seifenspäne, das Rosenwasser und den Zitronensaft.
* Erwärmen Sie die Mischung so lange unter Rühren im Wasserbad, bis eine cremige Masse entstanden ist. Nicht köcheln lassen!
* Nehmen Sie die Masse vom Herd und lassen sie unter Rühren abkühlen.
* Mischen Sie nun das Sonnenblumenöl, den Hagebuttentee und das ätherische Öl unter.
* Gießen Sie die Masse in kleine, gefettete Förmchen oder formen Sie daraus kleine Kugeln.
* Die Seife sollte 2–4 Wochen gut belüftet und an einem trockenen, warmen Platz reifen.

# Pflegende Rosencreme

Die etwas aufwendigere Zubereitung dieser herrlichen Rosencreme lohnt sich! Sie duftet nicht nur wunderbar, durch ihre wertvollen Zutaten – wie Wildrosenöl und Rosenwasser – ist sie auch überaus pflegend und nährend. Die Creme bringt regenerationsbedürftige Haut wieder zum Strahlen.

*Ergibt ca. 4 Döschen à 25 ml:*

*15 g Sheabutter (unraffiniert)*

*5 g Bienenwachs (pestizidfrei)*

*20 ml Wildrosenöl (kaltgepresst)*

*20 ml Mandelöl (kaltgepresst)*

*20 ml reines Rosenwasser ohne Alkohol*

*20 ml reiner Aloe-vera-Saft*

*5 g unvergällter Weingeist*

*10 Tr. reines ätherisches Rosenöl (Destillat)*

### SO WIRD'S GEMACHT

* Erwärmen Sie das Bienenwachs, das Wildrosenöl und das Mandelöl langsam im Wasserbad.
* Geben Sie die Sheabutter dazu und lassen Sie diese ohne weitere Hitzezufuhr langsam schmelzen. Die Masse darf nicht zu heiß werden (max. 45 Grad)!
* Nun erwärmen Sie das Rosenwasser und den Aloe-vera-Saft ebenfalls im Wasserbad.
* Rühren Sie langsam die erwärmten Wässer unter die Öl-Fett-Mischung, bis die Creme abgekühlt ist! Wichtig ist ständiges Rühren.
* Zum Schluss rühren Sie das ätherische Rosenöl und den Weingeist zur Konservierung unter.
* Füllen Sie die Creme in kleine Döschen.

## Mein Rat

Die Rosencreme hält sich länger, wenn die Döschen und Deckel vor dem Befüllen mit reinem Alkohol ausgerieben wurden. Im Kühlschrank aufbewahrt, sollte sie sich insgesamt ca. 4 Wochen halten.

# Augenfältchenfluid mit Rosenwasser

*Ergibt ca. 3 Döschen à 25 ml:*

*3 g Bienenwachs (pestizidfrei)*

*15 g Sheabutter (unraffiniert)*

*25 ml Mandelöl*

*25 ml reines Rosenwasser ohne Alkohol*

*1–2 Tr. reines ätherisches Rosenöl (Destillat)*

Wer erschrickt beim Blick in den Spiegel nicht manchmal über kleine Fältchen um seine müden Augen? Dieses Rezept schafft wohltuende Abhilfe. Das Fluid ist leicht, aber doch nährend und eignet sich speziell für die Pflege der empfindlichen Augenpartie. Das duftende Rosenwasser entfaltet zusätzlich eine beruhigende Wirkung.

### SO WIRD'S GEMACHT

* Erwärmen Sie das Öl und das Bienenwachs langsam im Wasserbad.
* Geben Sie bei ausgeschalteter Hitze die Sheabutter zu und lassen diese schmelzen.
* Erwärmen Sie das Rosenwasser ebenfalls im Wasserbad.
* Dann rühren Sie das erwärmte Rosenwasser langsam in die Wachs-Öl-Mischung ein. Rühren Sie so lange, bis das Fluid erkaltet ist.
* Zum Schluss geben Sie das ätherische Rosenöl zu und füllen das fertige Fluid in kleine Döschen ab. Im Kühlschrank hält es sich ca. 4 Wochen.

## Mein Rat

*Müde Augen werden wieder frischer, wenn Sie mit Rosenwasser getränkte Wattepads für ca. 10 Minuten auf die geschlossenen Augen legen.*

# Rosen-Gesichtswasser mit Honig

*20 ml naturreiner Honig (kaltgeschleudert)*

*100 ml reines Rosenwasser*

*30 ml Alkohol (50%ig, z. B. Wodka oder Korn)*

*3 Tr. ätherisches Rosenöl (nach Wunsch)*

Die meisten freuen sich vor allem über praktische Geschenke – alles andere sammelt oft nur Staub an. Dieses erfrischende Gesichtswasser duftet wunderbar nach Rosen und erfüllt gleich mehrere nützliche Zwecke: Es kräftigt die Haut, es wirkt durchblutungsfördernd und gleichzeitig hautstraffend.

## SO WIRD'S GEMACHT

* Lösen Sie den Honig mit dem Rosenwasser im Wasserbad vorsichtig auf.
* Lassen Sie die Mischung etwas abkühlen.
* Dann geben Sie den Alkohol und das ätherische Rosenöl hinzu.
* Verschütteln Sie alle Zutaten in einer Flasche gut miteinander.
* Das Gesichtswasser kann nun in schöne Glasflaschen abgefüllt werden. Es ist im Kühlschrank ca. 4–6 Wochen haltbar.

# Sommer-Rosen-Feuchtigkeitsgel

*Ergibt ca. 2 Döschen à 25 ml:*

25 ml reines Rosenwasser ohne Alkohol

25 ml reiner Aloe-vera-Saft

1 Msp. Guarkernmehl

2 ml unvergällter Weingeist

1 Tr. reines ätherisches Neroliöl (Destillat)

2 Tr. reines ätherisches Rosenöl (Destillat)

In diesem Gel steckt pure Feuchtigkeit! Es ist wunderbar erfrischend und kühlend im Sommer – und selbst im Winter können Sie es als zusätzlichen Feuchtigkeitsspender unter die Tagespflege geben, dann schützt es Sie vor trockener Heizungsluft.

**SO WIRD'S GEMACHT**

* Mischen Sie das Rosenwasser und den Aloe-vera-Saft in einem Gefäß.
* Rühren Sie das Guarkernmehl gut und schnell ein, da es leicht verklumpt.
* Lassen Sie diese Mischung ca. 15 Min. quellen, sie dickt leicht an.
* Rühren Sie im Anschluss den Weingeist und die ätherischen Öle unter.
* Füllen Sie das Gel in kleine Döschen ab. Es ist im Kühlschrank ca. 4 Wochen haltbar.

## *Mein Rat*

*Falls Ihnen das Gel zu leicht ist, geben Sie der Mischung 1-2 Teelöffel Mandelöl hinzu und schütteln das Ganze kräftig durch. So erhalten Sie eine gehaltvollere Emulsion, die Sie beispielsweise als Feuchtigkeitsmaske auf Gesicht und Dekolleté auftragen oder als Tagespflege verwenden können.*

# Duftendes Körperöl
*Schnell & einfach*

*50 ml Macadamianussöl (Kaltpressung)*

*50 ml Mandelöl (Kaltpressung)*

*10 Tr. reiner Vanille-Extrakt*

*15 Tr. reines ätherisches Bergamotteöl (Kaltpressung)*

*10 Tr. reines ätherisches Rosenöl (Destillat)*

Ob für die tägliche Körperpflege oder eine genüssliche Massage – nach dem ersten Probieren werden Sie dieses Körperöl nicht mehr aus den Händen geben. Das wertvolle Macadamianussöl hinterlässt ein streichelzartes Hautgefühl, das Mandelöl unterstützt die pflegende Wirkung. In Verbindung mit den Düften von Vanille, Bergamotte und Rose wird dieses selbst gemachte Körper- und Massageöl zu einem exklusiven Genuss!

**SO WIRD'S GEMACHT**

* Vermischen Sie alle Zutaten sorgfältig in einem Gefäß.
* Füllen Sie das Körperöl mit einem Lavendelzweig in eine schöne Flasche und lassen Sie es noch einige Tage durchziehen, damit sich der Duft intensiviert. Das fertig zubereitete Öl hält sich ca. 1 Jahr.

## Verpackungstipp

*Schenken Sie Ihrer Freundin das Öl in einer dekorativen Flasche, legen Sie ein kleines Lavendelsträußchen und einen Gutschein für einen Saunabesuch bei.*

# Rosenweihrauch

*Raffiniert*

*20 g Weihrauch (z. B. aus Eritrea)*

*5 g fein gemahlene Rosenblütenblätter, getrocknet*

*Etwas Pulver Gummi arabicum*

Am Räuchern scheiden sich die Geister. Manche erschrecken schon beim Anblick eines entzündeten Räucherstäbchens – andere lieben es, ihre Wohnräume Tag für Tag mit exotischen Düften zu füllen. Für letztere Kandidaten ist dieser Weihrauch mit Rosenduft genau die richtige Geschenkidee!

### SO WIRD'S GEMACHT

* Den Weihrauch im Mörser zerstoßen.
* Das Gummi arabicum-Pulver und die fein gemahlenen Rosenblüten mit ein wenig Wasser anfeuchten.
* Mit der angefeuchteten Mischung den zerstoßenen Weihrauch abreiben.
* Die Weihrauchmischung an der Luft trocknen lassen, dann luftdicht und dunkel lagern.
* Verwendung: Legen Sie feinen Sand in eine feuerfeste Schale und fassen die Räucherkohlen mit einer Zange. Zünden Sie die Kohle an, lassen sie gut durchglühen und legen sie dann auf den Sand. Streuen Sie einige Weihrauchkörner auf die glühende Kohle, nach Belieben können Sie auch andere Kräuter hinzugeben.

## Mein Rat

Probieren Sie vorsichtig aus, wie viele Weihrauchkörner Sie auf einmal verwenden möchten. Sie werden feststellen: Weihrauch ist sehr ergiebig, für einen Raum reichen schon wenige Körner. Ein tolles Geschenk ist ein Räucherpaket mit Räucherwerk, Kohle, Zange und Schale.

# Rosenspray

*Braune oder blaue Glasflasche mit Sprayaufsatz*

*90 ml natürliches Rosenwasser*

*10 ml reiner Weingeist (70%ig)*

*5 Tr. ätherisches Rosenöl, türkisch (Destillat)*

*3 Tr. Rosen-Attar (Rose und Sandelholz)*

Der weiche und blumige Duft der Rose verbindet sich in diesem Raumspray mit dem holzig-süß duftenden Sandelholz. Bereits in der Antike wurden diese Düfte für weibliche und sinnliche Parfümmischungen verwendet.

## SO WIRD'S GEMACHT

* Mischen Sie 100 ml Rosenwasser mit 5 Tropfen Rosenöl und 3 Tropfen Rosen-Attar.
* Geben Sie nun 10 ml Weingeist mit einem Alkoholanteil von 70% hinzu.
* Schütteln Sie das Fläschchen vorsichtig und lassen Sie die Mischung 1–2 Wochen reifen.
* Verwenden Sie das Spray ausschließlich äußerlich!

## Mein Rat

*Wenn Sie orientalische Düfte lieben, können Sie dieses Rosenspray gerne auch als Eau de Cologne verwenden. Oder Sie stellen sich ein Parfüm her: Mischen Sie 30 ml Jojobaöl mit 3 Tr. Rose türkisch (Destillat), 3 Tr. Sandelholz und 2 Tr. Grapefruit (komplett). Tragen Sie das Parfüm tropfenweise direkt auf die Pulsstellen auf.*

# Orientalisches Rosenpotpourri

*50 g Gallica-Rosenblütenblätter*
*70 g Damaszener-Rosenknospen*
*30 g römische Kamille*
*25 g Heidekrautblüten*
*15 g Bitterorangenblüten*
*25 g Zitronengras (geschnitten)*
*15 g Bitterholz (geschnitten)*
*15 g Eichenmoos (geschnitten)*
*15 g Iriswurzelpulver*
*5 Tr. ätherisches Rosenöl (Destillat)*
*9 Tr. ätherisches Rosenöl (Extrakt)*

Ein selbst gemachtes Potpourri holt den Duft Ihres herrlich blühenden Rosengartens ins Haus. Trocknen Sie in der Rosenzeit verschiedenfarbige Rosenblüten und geben Sie stark duftende Rosenknospen mit dekorativen Kräutern dazu. Hübsch verpackt, ist das Potpourri ein persönliches Geschenk, das lange Freude bereitet!

### SO WIRD'S GEMACHT

* Wiegen Sie die Rosenblüten, die Kräuter und die Hölzer ab und geben sie in eine große Schüssel.
* Tröpfeln Sie die ätherischen Öle auf das Iriswurzelpulver und verreiben es gut.
* Streuen Sie nun das Iriswurzelpulver auf die Pflanzenmischung und vermengen alles vorsichtig.
* Das trockene Potpourri können Sie in eine schöne Porzellanschale legen oder in einer Schmuckschachtel verschenken.

## Mein Rat

*Trocknen Sie einzelne Blüten in Silikagel, einer handelsüblichen Trocknungssubstanz. So bleiben die leuchtenden Farben und die filigrane Blütenform lange erhalten.*

# Räucherkugeln »Rosentraum«

*1 TL Tragantgummi, gemahlen*
*2 TL schwarzes Copal*
*Rosenblütenblätter*
*Lavendel*
*Zitronenmelisse*

Diese Räucherkugeln sind nicht nur optisch ein wahrer Rosentraum! Auf glühende Räucherkohle gelegt, verströmt die Kombination aus Rosen und Kräutern einen zart-balsamischen, entspannenden und beruhigenden Duft.

### SO WIRD'S GEMACHT

* Rühren Sie das Tragant-Pulver in eine Tasse Wasser.
* Lassen Sie die Mischung eine Stunde lang quellen.
* Zerkleinern Sie die getrockneten Kräuter und das Copal im Mörser und geben die Mischung in eine Schüssel.
* Vermischen Sie den aufgelösten Tragant mit den Kräutern (das Mischungsverhältnis von Tragant zu Kräutern ist 1:3). Kneten Sie die Masse durch, bis ein zäher Brei entstanden ist. Nach Bedarf geben Sie noch etwas Wasser oder einige Kräuter hinzu.
* Nun formen Sie aus dem Brei etwa kirschgroße Kugeln.
* Bevor Sie das Räucherwerk verschenken, muss es noch einige Tage an einem luftigen, warmen Ort gut durchtrocknen.

## Mein Rat

*Verschenken Sie die Räucherkugeln schön verpackt mit Räucherkohle, Räuchersand und einem feuerfesten Gefäß!*

# Rosen-Porträts

'Rose de Rescht'

'Comte de Chambord'/'Mme. Boll'

'Jacques Cartier'

**Herkunft:** Die 'Rose de Rescht' wird den Damaszener-Rosen zugeordnet. Sie wurde nach einer Stadt in Persien benannt und vermutlich in der Mitte des letzten Jahrhunderts von der englischen Rosensammlerin Nancy Lindsay nach Europa eingeführt.
**Blüte:** Die pomponartige Blüte ist dunkelrosafarben und sitzt tief im Rosenlaub. Bei einem guten Rückschnitt blüht sie von Juni bis in den Herbst hinein und verströmt den typischen schweren Damaszener-Duft.
**Wuchs:** Die Pflanze bildet einen gedrungenen, eher breit wachsenden Busch bis zu einer Höhe von 140 cm. Diese sehr winterharte und robuste Rose gedeiht auch in kälteren Regionen sehr gut.
**Standort:** Sie liebt Sonne und einen guten, nahrhaften Boden.
**Hinweis:** Die 'Rose de Rescht' vereint annähernd alle Attribute einer guten »Ernte-Rose«, wie eine lange Blütezeit und intensiv rosafarbene Blüten.

**Herkunft:** Selbst Experten sind sich uneinig, ob die Rosensorten 'Comte de Chambord' (1863) und 'Mme. Boll' (1859) identisch sind. Oft wird die Rose deshalb unter beiden Namen gehandelt.
**Blüte:** Eine öfterblühende Rose, die einen wunderbaren Duft verströmt. Ihre großen, leuchtend rosafarbenen Blütenköpfe sind dicht gefüllt und hellen am Rand leicht auf.
**Wuchs:** Die Pflanze wächst als aufrechter und kompakter Busch, ist mit hellgrünen Blättern belaubt und erreicht eine Höhe von bis zu 140 cm.
**Standort:** Sie kann in einen Topf oder in eine Rabatte gepflanzt werden. Wichtig sind ein sonniger Platz und ein nahrhafter Boden. Da ihre Blütenköpfe bei starkem Regen oft leiden, wäre zum Beispiel eine helle Stelle unter einem Vordach ideal.
**Hinweis:** Diese klassische Rose eignet sich sehr gut zum Schnitt für die Vase und sollte in keinem Rosengarten fehlen.

**Herkunft:** Eine Portland-Rose (1868), die der 'Marquise de Boccella' (1840) zum Verwechseln ähnlich sieht, so dass sie manchmal auch unter deren Namen gehandelt wird.
**Blüte:** Die stark gefüllten, gevierteilten Blüten sitzen tief im dunkelgrünen Laub. Im Zentrum wölben sie sich nach innen, so dass keine Staubgefäße mehr sichtbar sind. Die Rose verströmt einen bezaubernden Duft, blüht zur Rosenzeit im Juni und erfreut im Oktober mit einer Nachblüte.
**Wuchs:** 'Jacques Cartier' bildet einen aufrechten, eher schmalen Busch bis zu einer Höhe von bis zu 150 cm, der auch in einen Topf gepflanzt werden kann.
**Standort:** Sonne und ein nahrhafter Boden sind ideal. Eine sehr robuste und gut winterharte Rose.
**Hinweis:** Die Blüten sind sehr stabil und eignen sich vortrefflich für kleine Sträuße. Bei mangelndem Rückschnitt bildet die Rose lange Triebe und ist nicht so blühfreudig.

'Rose du Roi à Fleurs Pourpres'

'Celsiana'

*Rosa* × *damascena* 'Trigintipetala'

**Herkunft:** Diese Portland-Rose aus dem Jahr 1819 mit dem Synonym 'Mogado' gilt als Abkömmling von 'Rose du Roi'.
**Blüte:** Ihre mittelgroßen, schalenförmig gefüllten Blüten erblühen purpurrot und werden im Verblühen magentafarben. Im Spätsommer blüht die Rose vereinzelt nach.
**Wuchs:** Ein 100–120 cm hoher Busch, der dicht belaubte und relativ weiche Triebe trägt.
**Standort:** Wie alle Portland-Rosen liebt diese Rose Sonne, einen nahrhaften Boden und ist winterhart.
**Hinweis:** Durch die intensive Farbe der Blütenblätter färbt die 'Rose du Roi à Fleurs Pourpres' Rosengelee und Rosensirup schön dunkelrot.

**Herkunft:** Eine Damaszener-Rose mit ungesicherter Herkunft. Bekannt ist, dass sie bereits 1750 in Holland in Kultur stand.
**Blüte:** Die seidig-rosafarbenen, nahezu durchsichtigen Blütenblätter umgeben goldgelbe Staubgefäße. Eine im Sommer blühende Rose mit sehr leicht und luftig wirkenden Blüten.
**Wuchs:** Die Rose erreicht eine Höhe von 250–300 cm, ein dichtes hellgrünes Blätterkleid ziert den großen Strauch bis zum Herbst. Mit den langen, überhängenden Trieben und den kräftigen Stacheln kann sie spielend einen lichten Baum erklimmen.
**Standort:** Obwohl 'Celsiana' eine Sonne liebende Damaszener-Rose ist, gedeiht sie auch im Halbschatten und erweist sich als sehr winterhart.
**Hinweis:** Die Rose erfreut durch einen reichen Blütenflor mit großen Blütenblättern, eine sehr ergiebige Ernterose.

**Herkunft:** 'Trigintipetala' wird auch als »Bulgarische Ölrose« bezeichnet und soll im 17. Jahrhundert aus Persien nach Bulgarien gebracht worden sein. Im 19. Jahrhundert hat sie Dr. Dieck nach Deutschland gebracht.
**Blüte:** Die sommerblühende Rose verströmt einen wunderbaren Duft. Sie trägt mittelgroße Blütenköpfe, die ca. 30 Blütenblätter ausbilden, halbgefüllt und rosafarben sind.
**Wuchs:** Der Strauch erreicht eine Höhe von ca. 250 cm, hat einen lockeren Wuchs mit überhängenden Trieben und gesunden Blättern.
**Standort:** Eine robuste Rose, die allerdings nicht für sehr kalte Lagen geeignet ist. Pflanzen Sie diese winterharte Rose an einen sonnigen, windgeschützten Platz.
**Hinweis:** 'Trigintipetala' wird oft auf Rosenfeldern zur Gewinnung von ätherischem Öl gepflanzt und gedeiht auch in unseren Breiten gut.

### 'Ispahan'

**Herkunft:** Eine Damaszener-Rose, die manchmal auch als Zentifolie gehandelt wird. Sie ist nach der einstmals schönsten Stadt in Persien, heute Isfahan, benannt. Dort soll sie auch 1832 entdeckt worden sein.
**Blüte:** Eine im Sommer blühende Sorte mit langer Blütezeit bis in den Hochsommer hinein. Die rein rosafarbenen gefüllten Blüten sind in der Mitte etwas dunkler im Farbton und bezaubern durch ihren Damaszenerduft.
**Wuchs:** Ein aufrecht wachsender Strauch mit bis zu 200 cm Höhe. Eine robuste Rose, die jede Gärtnerin und jeden Gärtner durch eine ausgezeichnete Gesundheit erfreut.
**Standort:** Sie liebt einen sonnigen Platz, einen nährstoffreichen Boden und ist gut winterhart.
**Hinweis:** Die Blüten beeindrucken durch ihre außerordentliche Leuchtkraft und sind dank ihrer Farbe und Form sehr gut für Kränze und Gestecke geeignet. Die Rose wird auch als ideale Topfpflanze beschrieben.

### 'Leda'

**Herkunft:** Diese Damaszener-Rose wurde 1826 von dem berühmten Rosengärtner Deschiens in Versailles gezüchtet. Ihren Namen trug einst eine Königin von Sparta.
**Blüte:** Diese im Sommer reich blühende Rose bezaubert durch ihre gänzlich roten Knospen, die sich zu schwanenweißen, dichtgefüllten Blüten mit getuschten Rändern entfalten. Sie verströmen einen schweren Damaszenerduft.
**Wuchs:** Sie wächst buschig und kompakt bis zu einer Höhe von ca. 120 cm und bildet viele Ausläufer. Mit einer Pflanzenstütze lassen sich die Triebe zusammenhalten.
**Standort:** Ein nährstoffreicher Boden, Sonne und ausreichend Platz ist für die Rose wichtig. Dann kann sie sich gut entfalten. Eine robuste und gut winterharte Rose.
**Hinweis:** Im Handel ist eine »Schwesterrose«, die 'Pink Leda', erhältlich. Nebeneinander gepflanzt, vielleicht noch mit Frauenmantel – ein Gedicht!

### 'Fantin Latour'

**Herkunft:** 'Fantin Latour' gilt als eine der schönsten Zentifolien, der sogenannten Hundertblättrigen Rosen. Ihr Züchter ist unbekannt, sie stammt vermutlich aus Frankreich und wurde später von Graham Thomas in einem englischen Garten entdeckt.
**Blüte:** Die Blütenknospen der im Sommer blühenden Rose erscheinen in Büscheln. Sie öffnen sich schalenförmig zu sehr gut duftenden Blüten in zartem Rosa. Im Abblühen zeigen sie kleine, gelbgrüne Staubgefäße.
**Wuchs:** Der breit wachsende Busch trägt große, dunkle Blätter. Durch den hohen Wuchs (bis zu 200 cm) ist die Rose für Heckenpflanzungen und als Solitärstrauch geeignet.
**Standort:** 'Fantin Latour' ist gut winterhart und gedeiht auch an einem halbschattigen Platz.
**Hinweis:** Die Rose erfreut durch eine große Blütenfülle und eine lang anhaltende Blütezeit. Mit einer Rankhilfe kann sie auch als Kletterrose gezogen werden.

'Blush Damask'

'Pillnitzer Vitaminrose'

'Mme. Plantier'

**Herkunft:** Die Herkunft dieser »errötenden« Damaszener-Rose ist ungeklärt, 1759 wird sie erstmals erwähnt. Wie ihr Synonym 'Blush Gallica' verrät, ist sie vermutlich eng mit der Gallica-Rose verwandt.
**Blüte:** Ihr reichblühender Strauch trägt kleine, intensiv rosafarbene, in Büscheln wachsende und stark gefältelte Blüten. Im Frühjahr ist sie eine der ersten sommerblühenden Historischen Rosen, die ihre Blüten entfaltet.
**Wuchs:** Der ca. 120 cm hohe Strauch wächst breit, hat überhängende Triebe und viele Ausläufer.
**Standort:** Obwohl 'Blush damask' eine Damaszener-Rose ist, kann sie auch im Halbschatten gepflanzt werden. Sie toleriert zudem trockene, nährstoffarme Böden und ist sehr frostbeständig.
**Hinweis:** Eine frühblühende, recht unkomplizierte Damaszener-Rose, die für einen naturnahen Garten bestens geeignet ist.

**Herkunft:** Eine Wildrose, die im letzten Jahrhundert in Pillnitz bei Dresden gezüchtet wurde. Sie stammt aus einer Kreuzung der Vogesenrose mit einer Varietät der Alpenrose.
**Blüte:** Ende Mai trägt sie kleine, hellrosa Blüten mit weißer Mitte, die Blühdauer beträgt ca. 3 Wochen. Im Spätsommer erscheinen flaschenförmige, orange-rote Hagebutten.
**Wuchs:** Der lichte Strauch erreicht eine Höhe von 150–200 cm und hat lange, überhängende Zweige.
**Standort:** Wie alle Wildrosen toleriert diese Rose einen nährstoffarmen Boden, gedeiht in halbschattigen Bereichen des Gartens und auch in kälteren Regionen.
**Hinweis:** Der Name der Rose resultiert aus dem hohen Vitamingehalt ihrer Hagebutten, der im Durchschnitt dreimal höher ist als bei der Hundsrose, oder in Zitrusfrüchten.

**Herkunft:** Eine Alba-Rose, die 1835 von einem Rosenzüchter namens Plantier in Frankreich gezüchtet wurde.
**Blüte:** 'Mme. Plantier' blüht etwas später als andere Alba-Rosen. Ihre zartrosa getönten Knospen öffnen sich zu cremeweißen, dichtgefüllten Blüten mit grüner Mitte. Ende Juni überzieht eine duftende Blütenfülle den Strauch.
**Wuchs:** Sie bildet einen mächtigen Strauch mit bis zu 400 cm Höhe und besitzt lange, weiche Triebe.
**Standort:** Sie ist als Solitär- und Heckenpflanze geeignet, gedeiht im Halbschatten und zeigt für eine Moschushybride eine erstaunliche Winterhärte.
**Hinweis:** Die langen, weichen Triebe eignen sich gut, um einen Obelisken zu überwuchern oder am Zaun entlang geführt zu werden.

### 'Charles de Mills'

### 'Jeanne d'Arc'

### 'Tuscany'

**Herkunft:** Eine Gallica-Rose mit unbekannter Herkunft, die seit 1790 zuerst unter dem Namen 'Bizarre Triomphant' geführt wurde.
**Blüte:** Diese Rose besitzt wahrlich den Charme einer Alten Rose – die duftenden Blüten sind dicht gefüllt, geviertelt und von einer tiefen purpurroten bis violetten Farbe.
**Wuchs:** Der ausläuferbildende Strauch ist mit Blüten übersät, wächst aufrecht mit leicht überhängenden Zweigen. Die langen Triebe sind dankbar für eine Pflanzenstütze.
**Standort:** Die Rose ist nicht kälteempfindlich und wenig anfällig für Krankheiten.
**Hinweis:** Mit der langen Blühdauer und den großen, stabilen Blüten ist 'Charles de Mills' im Rosengarten unentbehrlich. Sie kann auch als Kletterrose gezogen werden.

**Herkunft:** Eine Alba-Rose, die von Vibert 1818 in Frankreich eingeführt wurde.
**Blüte:** Eine stark duftende, im Sommer blühende Rose mit langer Blühzeit. Sie öffnet im Garten als eine der Ersten ihre mittelgroßen, cremeweißen und halbgefüllten Blütenköpfe. Im voll erblühten Stadium sind die gelben Staubgefäße mit grünlicher Mitte sichtbar.
**Wuchs:** Der aufrechte, kräftig wachsende Strauch erreicht eine Höhe bis zu 200 cm, trägt grau-grüne Blätter und leicht überhängende Triebe.
**Standort:** Wie alle Alba-Rosen ist sie robust und sehr winterhart.
**Hinweis:** Alba-Rosen sind unverzichtbar in einem naturnahen Garten. Durch ihre Wuchshöhe eignen sie sich gut, um in eine Hecke gepflanzt zu werden. Sie besitzen eine leuchtende Farbe und bilden vereinzelt Hagebutten aus.

**Herkunft:** Diese Gallica-Rose wurde bereits im 16. Jahrhundert kultiviert, sie ist eine der ältesten Rosensorten.
**Blüte:** Dunkelrote, halbgefüllte Blüten mit samtig-violettem Schimmer und strahlend goldfarbenen Staubgefäßen. Eine im Sommer blühende Rose mit zartem Duft.
**Wuchs:** Der Strauch wird ca. 150 cm hoch, die Wuchsform ist locker mit überhängenden Trieben und dunkelgrünen Blättern. Ein fachgerechter Schnitt sorgt für einen kompakten Wuchs, allerdings bildet die Rose dann nicht ihre kugelrunden, festen Hagebutten aus.
**Standort:** Wie alle Gallica-Rosen ist sie sehr anspruchslos, kann im Halbschatten gepflanzt werden und toleriert einen nährstoffarmen Boden. Sie ist sehr winterhart.
**Hinweis:** Es existiert ein Sport der Rose mit etwas stärker gefüllten Blüten: 'Tuscany superb'. Die getrockneten Blütenköpfe zieren Potpourris und Trockengestecke.

### 'Ombrée Parfaite'

**Herkunft:** Eine Zentifolie, die 1823 von Vibert gezüchtet wurde 'Ombrée Parfaite', übersetzt »der perfekte Schatten«, ist eine Hybride aus einer Gallica-Rose und einer Zentifolie. Manchmal wird sie auch als Gallica-Rose geführt.
**Blüte:** Der Rosenbusch ist übersät mit dunkelkarmesinroten Blüten, in denen ab und an seidig weiße Einschlüsse aufblitzen. 'Ombrée Parfaite' ist eine der dunkelsten Rosen und duftet zauberhaft.
**Wuchs:** Der dichte Busch wächst ca. 100–150 cm hoch, trägt mittelgrünes, spitzes Laub, wenig Stacheln und bildet keine Hagebutten aus.
**Standort:** Ein halbschattiger Platz ist von Vorteil, damit die Blüten nicht verblassen. Die Rose verträgt ohne Probleme Frost.
**Hinweis:** Die dunklen, kleinen Blütenblätter färben alle Rosenzubereitungen besonders schön dunkelrot und sind für Marmelade gut geeignet.

### 'Conditorum'

**Herkunft:** Eine Gallica-Rose, die 1889 von dem Botaniker Dieck in Deutschland eingeführt wurde.
**Blüte:** Ihre großen, purpurroten und locker gefüllten Blüten verströmen einen intensiven Duft. Bei voller Blüte sind die leuchtend gelben Staubgefäße zu sehen. Im Herbst trägt die Rose kugelrunde, feste Hagebutten.
**Wuchs:** Ein 120 cm hoher, aufrechter Busch mit dunkelgrünen Blättern.
**Standort:** Selbst im Halbschatten gedeiht die 'Ungarische Rose' sehr gut, sie ist nicht frostempfindlich und kann auch in ein Beet gepflanzt werden.
**Hinweis:** Die festen Blüten der 'Conditorum' sollen bereits früher zum Kandieren und zur Verzierung von Backwerk verwendet worden sein. Im 17. Jahrhundert wurde sie außerdem von Apothekern zu Rezepturen verarbeitet.

### *Rosa gallica* 'Officinalis'

**Herkunft:** Die Apothekerrose ist die älteste kultivierte Rose (seit 1310). Sie wurde vermutlich aus dem Orient nach Frankreich gebracht, bevor sie in unsere Breiten gelangte.
**Blüte:** Eine im Sommer blühende Rose mit halbgefüllten, dunkelrosafarbenen Blüten und einem süßen Duft. Sie ist bei Bienen beliebt, im Herbst bildet sie runde, orangefarbene Hagebutten aus.
**Wuchs:** Der kräftig wachsende Busch erreicht eine Höhe von ca. 120–150 cm und trägt dunkelgrünes Laub. Die Rose bildet viele Ausläufer, die für neue Pflanzungen ausgegraben werden können.
**Standort:** Eine sehr winterharte und genügsame Rose, die auch auf nährstoffarmen Böden und im Halbschatten gedeiht.
**Hinweis:** Wie der Name verrät, wird die Apothekerrose seit Langem als Heilmittel genutzt.

### 'Gerbe Rose'

### 'Hippolyte'

### 'Constance Spry'

**Herkunft:** Eine Rambler-Rose und Wichuriana-Hybride, die 1904 von Fauque eingeführt wurde.
**Blüte:** Ihre mittelgroßen, schalenförmigen und leuchtend rosa Blüten zeigen sich in süß duftenden Büscheln. Sie blüht im Juni, gelegentlich kommt es im September zur Nachblüte.
**Wuchs:** Die 'Gerbe Rose' wächst mit kräftigen, stacheligen Trieben bis zu einer Höhe von 400 cm. Schönes glänzendes Laub ziert den großen Busch bis in den Herbst hinein.
**Standort:** Obwohl die Rose auch im Halbschatten gedeiht, sollten Sie besser einen sonnigen Platz wählen, dort entwickelt sie besonders gut ihren Duft. Durch ihre ausgezeichnete Frosthärte ist die 'Gerbe Rose' auch für kalte Regionen bestens geeignet.
**Hinweis:** In der Floristik wirkt die leuchtende Farbe besonders schön zu dunklem Grün, beispielsweise zu Efeu.

**Herkunft:** Eine Gallica-Hybride, die bereits vor 1842 durch Parmentier bekannt wurde. Der Name stammt von einer Amazonenkönigin aus der griechischen Mythologie.
**Blüte:** Die Rose trägt kleine, dicht gefüllte, samtig-purpurfarbene Blüten und zeigt im Verblühen violette Schattierungen. Eine sehr reich- und langblühende Rose.
**Wuchs:** Die weichen, fast stachellosen Triebe wachsen bis auf eine Länge von 200 cm. Pflanzt man die Rose an einen Zaun, können die Triebe waagrecht eingeflochten werden, dadurch entstehen viele Seitentriebe. 'Hippolyte' bildet keine Hagebutten aus.
**Standort:** Die Rose ist sehr frosthart und kann auch im Halbschatten gepflanzt werden.
**Hinweis:** Die kleinen, dunklen Blütenblätter eignen sich sehr gut zur Dekoration, zum Beispiel einer Bowle, und für Rosenlimonade.

**Herkunft:** Diese Englische Kletterrose gilt als die erste Züchtung von David Austin (1961). Sie wurde nach der berühmten Floristin und Rosensammlerin Constance Spry benannt.
**Blüte:** Im Frühsommer ist der Strauch mit großen, hellrosafarbenen Blüten übersät, die einen myrrheartigen Duft verströmen.
**Wuchs:** Eine Kletterrose, die eine Höhe von bis zu 400 cm erreicht. Sie trägt große, graugrüne Blätter und im Herbst orangerote Hagebutten.
**Standort:** Die robuste, gut winterharte 'Constance Spry' gedeiht auch in kälteren Regionen gut und kann im Halbschatten gepflanzt werden.
**Hinweis:** Die pfingstrosenähnlichen Blüten eignen sich vorzüglich für Kränze und Gestecke.

'Heritage'

'Tess of the d'Urbervilles'

'Hero'

**Herkunft:** Eine der frühen Englischen Rosen. Sie wurde 1984 von David Austin eingeführt und gehört zu seinen bewährtesten Züchtungen.
**Blüte:** Ihre dichtgefüllten, becherförmigen Blüten blühen bis in den Herbst hinein in seidigem Zartrosa. Ein besonderer, fruchtiger Duft umgibt die Rose. Wenn Sie die Blüten nicht abschneiden, bilden sich schöne kugelige Hagebutten aus.
**Wuchs:** Die Rose trägt mittelgrünes Laub und zeichnet sich durch einen aufrechten, schmalen Wuchs und eine lange Blühzeit aus.
**Standort:** Sonne und ein nährstoffreicher Boden sind für die winterharte Rose von Vorteil. Sollten Sie die Rose in einen Topf pflanzen, dann achten Sie auf einen ausreichenden Rückschnitt.
**Hinweis:** Durch ihre romantische Blütenform und ihre lange Haltbarkeit eignet sich die 'Heritage' vortrefflich zum Binden von Kränzen und Sträußen.

**Herkunft:** Sie wurde 1998 von David Austin eingeführt und gilt als eine der besten Englischen Rosen.
**Blüte:** Die Blüten sind tief kirschrot und locker gefüllt. Wie bei Edelrosen falten sich die äußeren Blütenblätter nach außen, in der Mitte sind sie (wie bei Alten Rosen) stark gefältelt.
**Wuchs:** Der Strauch wird ca. 180 cm hoch und kann auch als Kletterrose gezogen werden. Während der Sommermonate eine kräftig und zuverlässig blühende Rose.
**Standort:** Eine winterharte Rose, die auch im Halbschatten gut gedeiht.
**Hinweis:** Die Blüten der 'Tess of the d'Urbervilles' sind durch ihre besondere Form und ihre leuchtend rote Farbe gut für Gestecke und Kränze zu verwenden.

**Herkunft:** Eine Englische Rose, die 1982 von David Austin gezüchtet wurde. Ihr Name bedeutet frei übersetzt die »Heldenhafte«.
**Blüte:** Die großen, locker gefüllten Blüten duften nach Myrrhe und zeigen sich zuverlässig von Juni bis in den späten Herbst in einem klaren Rosa.
**Wuchs:** Die aufrecht wachsenden, kräftigen Triebe des bis zu 150 cm hohen Strauches tragen dunkelgrüne Blätter. Die Rose kann auch als Kletterrose gezogen werden.
**Standort:** Die Rose 'Hero' bevorzugt (wie fast alle Englischen Rosen) einen sonnigen, warmen Platz mit nährstoffreichem Boden und ist winterhart. Ein schöner Busch entsteht, wenn Sie drei Rosenpflanzen der gleichen Sorte nebeneinander setzen.
**Hinweis:** Durch ihre lange Blühzeit ist die Rose besonders attraktiv.

# Glossar

### Rosen

**Im Sommer blühend:** Die Rose blüht zur Rosenzeit (Mai/Juni/Juli) für ca. 3–4 Wochen.

**Öfterblühend:** Die Rose blüht ca. von Juni bis Oktober, je nach Art und Sorte mit unterschiedlicher Blütenfülle.

**Sport:** Als Sport bezeichnet man eine Rosensorte, die durch Mutation entstanden und durch vegetative Vermehrung bewahrt worden ist.

### Zutaten

**Agar-Agar**
Geschmacksneutrales, pflanzliches Geliermittel mit unterschiedlich guter Bindungsfähigkeit.

**Aloe-vera-Saft** rein – *Aloe barbadensis*
Ähnelt der Agave, gehört zu den Liliengewächsen, Heimat Südamerika. Aus dem Mark der Blätter wird reiner Aloe-vera-Saft oder ein Gel durch Kaltpressung gewonnen.

**Copal** – *Protium copal*
Harz des mittelamerikanischen Copalbaumes. Weißer Copal duftet fruchtig-zitronig, schwarzer Copal schwer-balsamisch.

**Gummi arabicum**
Gummiermittel, Exsudat aus dem Pflanzensaft von *Acacia senegal*, als trockenes weißes Pulver im Handel. Verwendung als Binde- und Gummiermittel, in der Apotheke erhältlich.

**Guarkernmehl**
Wird aus den Samen der Guarbohne *(Cyamopsis tetragonoloba)*, der zuvor die äußeren Schichten und der Keimling entfernt wurden, gemahlen. Es wird in der Arzneimittel-, Kosmetik- und Lebensmittelindustrie als Emulgator und Verdicker eingesetzt.

**Johannisbrotkernmehl**
Mehl aus den Hülsenfrüchten des Johannisbrotbaums *(Ceratonia siliqua)*. Verdickungsmittel.

**Raps** – *Brassica napus*
1–3 mm kleine, gereinigte Körner aus der Nutzpflanze Raps.

**Rote-Bete-Extrakt**
Instant-Pulver aus der Roten Bete, in der Apotheke erhältlich.

**Tragantgummi** – *Astragalus gummifer*
Eine an der Luft erhärtende gummi- oder harzähnliche Ausscheidung der indischen *Astragalus*-Arten. Es wird als Bindemittel benutzt, ist völlig geruchsfrei und verbrennt unschädlich.

**Weihrauch**
Heiliges Räucherwerk, Harz des Weihrauchbaumes, Vorkommen in Indien und im arabischen Raum.

**Weingeist (96 %ig, unvergällt)** – Ethanol/Ethylalkohol
Durch Gärung von stärke- und zuckerhaltigen Pflanzen hergestellte klare Flüssigkeit, wird zur Desinfizierung und Konservierung eingesetzt.

### Kosmetische Zutaten

Die Zutaten für die Rezepte sind im Aroma-Fachhandel, im Naturkostladen oder in der Apotheke erhältlich.

### Fette, Öle und Wachse

**Bienenwachs** – *Cera flava*
Entleerte, eingeschmolzene Bienenwaben, das gelbe Roh-Bienenwachs duftet nach Honig.

**Hagebuttensamenöl** – *Rosa rubiginosa* u. a.
Kaltpressung der Hagebuttensamen, bräunlich-gelbes Öl mit einem hohen Anteil an hochungesättigten Fettsäuren.

**Kakaobutter** – *Theobroma cacao*
Kaltpressung aus Kakaopulver. Festes, butterartiges Fett, das wunderbar nach Schokolade duftet. Hoher Anteil an Fettbegleitstoffen.

**Macadamianussöl** – *Macadamia ternifolia*
Kaltpressung der Nüsse. Öl mit einem feinen Nussaroma.

**Mandelöl** – *Prunus amygdalis* var. *dulcis*
Kaltpressung der süßen Mandeln. Gut haltbares Öl mit hohem Anteil an Ölsäure.

**Sheabutter** –
*Butyrospermum parkii*
Kaltpressung aus den Fruchtkernen des afrikanischen Sheabutter-Baumes. Butterartiges, zähes Fett mit einem hohen Anteil an Fettbegleitstoffen.

**Sonnenblumenöl** –
*Helianthus annuus*
Kaltpressung aus den Samen. Öl mit hohem Anteil an ungesättigten Fettsäuren und Vitamin E.

## Ätherische Öle

### Ätherische Öle
Kleinste, duftende Öltröpfchen in den Öldrüsen des Pflanzengewebes, sind in Blüten, Samen, Fruchtschalen, Blättern, Wurzeln, Harzen, Rinden und Holz enthalten, flüchtige nicht wasserlösliche Substanzen.

**Bergamotteöl** – *Citrus bergamia*
Kaltpressung der unreifen, grünen Fruchtschalen der quittenähnlichen Frucht, frisch-fruchtiges Duftprofil. Erhöht die Lichtempfindlichkeit der Haut, nie pur auf die Haut auftragen.

**Grapefruit** – *Citrus paradisi*
Kaltpressung aus den Schalen der Grapefruit mit frischem, spritzigem Duft.

**Lavendelöl fein** –
*Lavandula angustifolia*
Wasserdampfdestillation der frisch geschnittenen, blühenden Rispen, blumig-frischer Duft.

**Neroliöl** –
*Citrus aurantium*
Wasserdampfdestillation der Blüten des Bitterorangenbaumes, 1000 kg Blüten ergeben ca. 1 kg ätherisches Öl, blumig-süßer Duft.

**Rosenöl dest.**,
Destillat aus den Blüten der Rose. Ätherisches Öl, das mittels Wasserdampfdestillation aus verschiedenen Rosenarten gewonnen wird (beispielsweise aus Damaszener-Rosen oder Gallica-Rosen). Weicher blumig-süßer, honigartiger Duft.

**Rosenextrakt** – Rosen-Absolue, Mairose
Auszug mittels eines Lösungsmittels, wird vor allem in der Parfümerie verwendet, ähnelt dem Duft der frischen Rosenblüte.

**Rosenwasser** – *Aqua rosae*, Rosenhydrolat
Destillationsprodukt aus Rosenblüten, Nebenprodukt bei der Ätherischöl-Gewinnung, enthält die wasserlöslichen Stoffe der Rose.

**Sandelholz** –
*Santalum album*
Wasserdampfdestillation aus dem Kernholz der Sandelholzgewächse, balsamisch-orientalischer Duft.

**Vanille-Extrakt** –
*Vanilla fragans*
Extraktion der Vanilleschoten mit Weingeist, balsamisch, süßer und vanilleartiger Duft.

## Leitfaden für den richtigen Einkauf ätherischer Öle

Auf den Etiketten hochwertiger ätherischer Öle finden Sie folgende Herstellerangaben:
- »100 % reines ätherisches Öl«
- die lateinische botanische Bezeichnung der Herkunftspflanze, um Verwechslungen mit anderen Arten zu vermeiden
- das Ursprungsland
- Angabe des Pflanzteils, aus dem das Öl gewonnen wurde (wenn Varianten möglich sind, z.B. bei Blättern oder Rinde)
- die exakte Füllmenge (ml/g)
- Angaben über den Anbau, aus kontrolliert-biologischem Anbau, aus Wildsammlung oder aus konventionellem Anbau (rückstandsgeprüft)
- das Gewinnungsverfahren
- bei Extraktion sollte das Lösungsmittel genannt sein und ob das Öl rückstandskontrolliert ist
- genaue Angabe des Zusatzes und des Mischungsverhältnisses in Prozent bei zählflüssigen Ölen (z.B. Benzoe Siam, Mimose, Tonka), die oft mit Weingeist (Alkohol) oder Jojobaöl versetzt werden, um sie anwendungsfreundlicher zu machen
- gegebenenfalls ein Trägeröl in Prozent
- die Chargennummer (Kontrollnummer), über die das Öl bei Beanstandungen identifizierbar ist

# Adressen, die Ihnen weiterhelfen

## Rosen-Baumschulen

**Bioland-Rosenschule Ruf**
Zum Sauerbrunnen 35
61231 Bad Nauheim-Steinfurt
Tel.: 060 32 / 818 93
www.rosenschule-ruf.de

**Rosenschule Martin Weingart**
Hirtengasse 16
99947 Langensalza / Thüringen
Tel.: 036 03 / 81 39 26
www.rosen-weingart.de

**Ahornblatt GmbH**
Postfach 1125
55001 Mainz
Tel.: 061 31 / 723 54
www.ahornblatt-garten.de

**Rosarot Pflanzenversand**
Gerd Hartung
Besenbek 4b
25335 Raa-Besenbek
Tel.: 041 21 / 42 38 84
www.rosenversand24.de

**W. Kordes' Söhne**
Rosenstr. 54
25365 Klein Offenseth-Sparrieshoop
Tel.: 041 21 / 487 00
www.kordes-rosen.com

**Rosen Tantau**
Tornescher Weg 13
25436 Uetersen
Tel.: 041 22 / 70 84
www.rosen-tantau.com

**Noack Rosen**
Im Waterkamp 12
33334 Gütersloh
Tel.: 052 41 / 201 87
www.noack-rosen.de

**Rosen-Union Steinfurther**
Hauptstr. 27
61231 Bad Nauheim-Steinfurth
Tel. 060 32 / 965 30
www.rosen-union.de

Informationen über Rosen-Baumschulen in Ihrer Nähe erhalten Sie bei:
**Bund deutscher Baumschulen (BdB) e.V.**
Bismarckstr. 49
25421 Pinneberg
www.bund-deutscher-baumschulen.de

### Österreich
**Grumer Rosen**
Raasdorfer Str. 30
A-2285 Leopoldsdorf
www.grumer.at

**Praskac Baumschulen**
Praskacstr. 101–108
A-3430 Tulln
Tel.: +43 / (0)22 72 / 624 60
www.praskac.at

### Schweiz
**Richard Huber AG**
Rotenbühl 8
CH-5605 Dottikon AG
Tel.: +41 / (0)566 24 18 28
www.rosen-huber.ch

## Alte und Englische Rosen

**Rosen Jensen-Lützow GmbH**
Am Schlosspark 2b
24960 Glücksburg
Tel.: 046 / 601 00
www.rosen-jensen.de

**Rosenhof Schultheis**
Bad Nauheimer Straße 3-7
61231 Bad Nauheim
Tel.: 060 32 / 925
www.rosenhof-schultheis.de

**Lacon**
J.-S.-Piazolo-Str. 4a
68759 Hockenheim
Tel.: 062 05 / 40 01
www.lacon-rosen.de

**Rosengärtnerei Kalbus**
Hagenhauser Hauptstr. 1b
90518 Altdorf
www.rosen-kalbus.de

## Zubehör
(Stützen, Rankgitter, Rosenbögen, Werkzeug)

**Lacon**
(siehe »Alte und Englische Rosen«)

**Classic Garden Elements Vertriebs GmbH**
Goethestr. 27
65719 Hofheim am Taunus
Tel.: 061 92 / 90 04 75
www.classic-garden-elements.de

Gartenbedarf-Versand Richard Ward
Günztalstr. 22
87733 Markt Rettenbach
Tel.: 083 92 / 16 46
www.gartenbedarf-versand.de
(u. a. Link Stakes, Rankhilfen, Rosen-Stützen, Werkzeug, Etiketten)

**Tissot The Tool Company GmbH**
Gartengeräte-Versand
Rother Str. 37
91126 Rednitzhembach
Tel.: 091 22 / 612 82
www.tissot.de

## Nützlinge, biologischer Pflanzenschutz, Dünger

**W. Neudorff GmbH KG**
An der Mühle 3
31860 Emmerthal
www.neudorff.de
(v. a. Biologischer Pflanzenschutz)

**Compo GmbH**
Gildenstr. 38
48157 Münster
Tel.: 02 51 / 327 70
www.compo.de
(Dünger, Pflanzenstärkungsmittel)

**Oscorna Dünger GmbH & Co.**
Erbacher Str. 41
89079 Ulm
Tel.: 07 31 / 94 66 40
www.oscorna.de
(Dünger, Bio-S)

## Liebhabervereine

**Gesellschaft Deutscher Rosenfreunde e. V. (GDR)**
Waldseestr. 14
76532 Baden-Baden
www.rosenfreunde.de

**Österreichische Rosenfreunde in der Österreichischen Gartenbau-Gesellschaft**
Parkring 12
A-1010 Wien
www.garten.or.at

**Gesellschaft Schweizer Rosenfreunde**
Schlossbergstr. 23
CH-8220 Wädenswil
www.rosenfreunde.ch

## Ätherische Öle, Rosenwasser, Gewürze, Salben- und Kosmetikzubehör

**Primavera Life GmbH**
Am Fichtenholz 5
87477 Sulzberg
Tel.: 083 76 / 808-0
www.primaveralife.com

**Firma Wurdies**
Wurzelgräbers Blütenparadies
Thomas Jäkel
Stadlermühle 1
92549 Stadlern
Tel.: 096 74 / 13 76
www.wurdies.de

**Im Rosenbusch**
Rosen und Naturwaren
Maria Theresia Riedl e. K.
Lindach 2
85658 Egmating
Tel.: 080 93 / 905 97 17
www.imrosenbusch.de

**Wadi GmbH**
Etherische Öle für Aroma-Pflege, Kosmetik und -Kultur
Bahnhofstr. 55c
85375 Neufahrn bei Freising
Tel.: 081 65 / 97 37 80
www.etherischeoele.de

**Die Kräuterie**
Annette Johow
Herzog-Ernst-Str. 181
86899 Landsberg am Lech
Tel.: 081 91 / 42 70 38
www.teefreude.de

**Herbaria Kräuterparadies GmbH**
Hagnbergstr. 12
83730 Fischbachau
Tel.: 080 28 / 90 57-0
www.herbaria.com

# Adressen / Literatur

## Sehenswerte Rosengärten

**Europa-Rosarium**
Steinberger Weg 3
06526 Sangerhausen
Tel. / Fax: 034 64 / 194 33
www.sangerhausen.de
(Europas größte Rosensammlung)

**Deutsches Rosarium VDR**
Dortmund-Westfalenpark
An der Buschmühle 3
44139 Dortmund
Tel.: 02 31 / 502 61 16
www.westfalenpark.de

**Rosenmuseum
Steinfurth**
Alte Schulstr. 1
61231 Bad Nauheim-
Steinfurt
Tel.: 060 32 / 860 01
www.bad-nauheim.de

**Italienischer Rosengarten,
Straße der Wild- und Strauchrosen,
Roseninformationsgarten
Mainau GmbH**
78465 Insel Mainau
Tel.: 075 31 / 30 30
www.mainau.de

**Informationen aus dem Internet**
Weitere Rosarien und Rosengärten, auch in anderen Ländern, finden Sie im Internet unter
www.gartenlinksammlung.de

## Literatur

L'Aigle, Alma de: Begegnung mit Rosen, Verlag Frick Moos 1977

Austin, David: David Austin's Englische Rosen, BLV Buchverlag 2006

Bauer, Ute; Borstell, Ursel: Alte Rosen, BLV Buchverlag 2005

Doleschalek, Petra: Kosmetik selbstgemacht, Anaconda Verlag 2008

Enz, Margrit: Aromatologie: Das Wissen um die Heilkräfte der ätherischen Öle, Joy Verlag 2001

Joyaux, François: Enzyklopädie der Alten Rosen, Ulmer Verlag 2008

Költringer, Claudia: Geschenke aus dem Garten selbst gemacht, BLV Buchverlag 2010

Love, Gilly: Rosen, Christian Verlag 2004

Lüttig, Angelika; Rosenrot und Hagebutten, Juliane Kasten Verlag 2006

Markley, Robert: Die BLV Rosen-Enzyklopädie, BLV Buchverlag 2007

Meile, Christine; Karl, Udo: Alte Rosen – alte Zeiten: Leben mit Rosen und ihrer Geschichte, Wißner Verlag 2008

Phillips, Roger; Rix, Martyn: Rosarium: Ulmers großes Rosenbuch, Ulmer Verlag 2005

Raufuß, Roswitha: Die Rose ist nicht namenlos: Rosenkunde in Portraits, Books on Demand 2008

Witt, Reinhard: Naturnahe Rosen, Naturgarten Verlag 2010

Zeh, Katharina: Handbuch Ätherische Öle, Joy Verlag 2005

# Stichwortverzeichnis

**A**gar-Agar 56, 73
Akazienhonig 58
Alkoholfreie Erfrischung 41
Allheilmittel 14
Aloe-vera-Saft 108
Apothekerrose 9
Aromatherapie 14
Ätherisches Öl 15
Ätherisches Rosenöl
    Aufguss 15
    Destillat 102
    Extrakt 123

**B**ergamotteöl 93
Bienenwachs 105
Bitterholz 123
Bitterorangenblüten 38
Blumig-honigartiger Duft 42
Braune oder blaue Glasflasche 120

**C**alendulablüten 38
'Chevy Chase' 27
'Comte de Chambord' 21
Copal 124

**D**amaszener-Rosenknospen 123
Destillation 15
Dinkelmehl 64

**E**ichenmoos 123
Einkauf 10
Englische Rosen 22

**F**luid 111

**G**allica-Rosenblütenblätter 123
Geliermittel 73
Gelierzucker 52
Gestecke aus Rosen 13
Grapefruit 120
Grundrezepte 12
Guarkernmehl 114
Gummi arabicum 76, 118

**H**agebutten 28
Hagebuttenmark 56
Hagebuttentee 106
Hauptanbauländer 9
Haut 108
Heidekrautblüten 123
Hildegard von Bingen 100
Honig 93
Honigmarzipan 61

**I**nsekten 16
Iriswurzelpulver 123

**J**asminblüten 99
Joghurt-Getränk 44
Johannisbrotkernmehl 80
Jojobaöl 120

**K**akaobutter 105
Kardamomkapseln 36
'Konditorrose' (Rosa 'conditorum') 76
Konservierung 108
Kontrolliert biologischer Anbau 14
Korb voller Rosen 22
Kulinarisch 16

**L**andgüterverordnung 8
Lavendel, Bitterorangenblüten und Römische Kamille 88
Lebensmittelfarbe 90
Lieblingsrezept 68
Limonadenbasis 41

**M**acadamianussöl 117
Malvenblüten 38
Mandelöl 93, 108
Meersalz 88
Melissenblätter 38, 99
Milchpulver 94
Mokka 36

**N**atron 62
Natürliches Rosenöl 9
Neroliöl 114

**P**flanzenpflegemittel 11
Pflegeprodukte 14
Pottasche 67
Punschgewürz 49

'**R**ambling Rector' 10
Rapssamen 99
Räucherkohle 124
Räucherstäbchen 118
Raumspray 120
Rohrohrzucker 41
'Rose de Rescht' 21
'Rosa helenae' 28
Rose türkisch 120
Rosen-Attar 120
Rosenarten 10
Rosenessig 17
Rosenöl 14, 17

Rosensalz und -pfeffer 13
Rosensirup 41
Rosenwasser 14, 15, 100
Rosenzucker 12
Rote-Bete-Extrakt 88

**S**afran 79
Sandelholz 94, 120
Sauberkeit 14
Seidenstoff 100
Seifenspäne 106
Sheabutter 90

**T**ipps zu Rosen in der Küche 16
Tragant 124
Träume 102
Trocknen der Rosenblüten 11

**U**nvergällter Weingeist 108

**V**anilleextrakt 61

**W**einbrand 50
Weißdornblüten 38
Weiße Ansätze 55
Wildrosenöl 108

**Z**imt 79
Zitronengras 123
Zitronenmelisse 124
Zitronensäure 90
Zitronensäurepulver 96

### ÜBER DIE AUTORIN

Die praktizierende Heilpraktikerin und Homöopathin Maria Theresia Riedl entdeckte ihre Leidenschaft für Rosen besonders durch die Aromatherapie. Seit vielen Jahren bewirtschaftet sie mit großer Leidenschaft einen Garten mit ca. 200 verschiedenen Rosensorten und verkauft im eigenen Lädchen »Im Rosenbusch« (www.imrosenbusch.de) Schönes rund um die Rose. In Seminaren und Vorträgen gibt sie ihr umfassendes Wissen über Rosen und ihre unzähligen Verwendungsmöglichkeiten weiter.

### ÜBER DIE CO-AUTORIN

Zu Beginn der 90er-Jahre ließ sich die Arzthelferin Beate Hölscher in der Sebastian-Kneipp-Akademie in Bad Wörishofen zur Gesundheitspädagogin ausbilden. Fachkosmetikerin ist sie seit 2009, ihre Ausbildung zur Naturkosmetikerin erfolgte 2010 bei Primavera. Seit vielen Jahren gibt sie Kurse und Seminare zu Themen wie Kneipp-Anwendungen, Kräuter zur Selbstmedikation, Kräuter in der Küche, Pflanzen des Mittelalters und Naturkosmetik. In diesem Buch betreut sie als Co-Autorin den Bereich Pflege und Wellness.

### ÜBER DIE FOTOGRAFIN

Anneliese Kompatscher, in Südtirol geboren, lebt und arbeitet als selbstständige Fotografin seit über 25 Jahren bei München. Ihre ästhetischen und liebevoll komponierten Bilder kommen hauptsächlich im redaktionellen Bereich zum Einsatz. Ihre Schwerpunktthemen sind: Lifestyle, Food, Gärten, Natur und Kinder.

Weitere Informationen unter: www.anneliese-kompatscher.de

### Danksagung

Ich danke von ganzem Herzen meinen Kindern Maria, Johanna, Seppi und meinem Mann Sepp für die liebe Unterstützung in Haus und Garten und die Freude, die ich mit Ihnen erfahren durfte. Lieben Dank an meine Schwiegerfamilie für den Platz, an dem wir leben. Ein herzliches Dankeschön an Maria und Marie Hoppe für die Unterstützung bei den Rezepten.

### Haftungsausschluss

Ätherische Öle sind hochwirksame Substanzen, die – falsch angewendet oder zu hoch dosiert – zu Nebenwirkungen führen können. Halten Sie sich deshalb bitte genau an die Anleitungen und angegebenen Dosierungen. Verwenden Sie nur hochwertige Öle und Zutaten. Alle empfohlenen Rezepturen wurden sorgfältig und nach bestem Wissen ausgewählt. Sie haben sich in der Praxis bewährt. Die Anwendung erfolgt jedoch nicht unter der Verantwortung der Autorinnen. Jede/r Leserin/Leser ist aufgefordert, in eigener Verantwortung zu entscheiden, ob und inwieweit sie/er die Rezepturen einsetzt. Beachten Sie stets individuelle Unverträglichkeiten und Allergien. Für alle Rezepturen, die Sie für andere erstellen, übernehmen Sie die Haftung, auch für unerwünschte Nebenwirkungen.

Bibliografische Information der Deutschen Nationalbibliothek

Die Deutsche Nationalbibliothek verzeichnet diese Publikation in der Deutschen Nationalbibliografie; detaillierte bibliografische Daten sind im Internet über http://dnb.d-nb.de abrufbar.

BLV Buchverlag GmbH & Co. KG
80797 München

© 2011 BLV Buchverlag GmbH & Co. KG München

Das Werk einschließlich aller seiner Teile ist urheberrechtlich geschützt. Jede Verwertung außerhalb der engen Grenzen des Urheberrechtsgesetzes ist ohne Zustimmung des Verlags unzulässig und strafbar. Das gilt insbesondere für Vervielfältigungen, Übersetzungen, Mikroverfilmungen und die Einspeicherung und Verarbeitung in elektronischen Systemen.

Bildnachweis:
Alle Fotos von Anneliese Kompatscher

Umschlagfotos:
Anneliese Kompatscher
Lektorat: Sandra-Mareike Kreß
Herstellung: Ruth Bost
Layoutkonzept: KrohbergerSchemel
Editorial Design, Sabine Krohberger
Layout: Anton Walter, Gundelfingen
DTP: agentur walter, Gundelfingen

Gedruckt auf chlorfrei gebleichtem Papier

Printed in Germany
ISBN 978-3-8354-0758-9

# Dekoratives für die Wohnung basteln und gestalten

Daniela Luginsland
**Dekorationen aus dem Garten selbst gemacht**
Die 50 schönsten Vorschläge für Dekorationsobjekte und kleine Geschenke aus Naturmaterialien – mit wenig Aufwand einfach nachmachen · Schönes für Zuhause, Licht und Lampen, Tischdekorationen, Geschenkverpackungen, Einladungskarten und vieles mehr.
ISBN 978-3-8354-0767-1

www.blv.de